SPANISH SHORT STORIES FOR BEGINNERS

*20 Captivating Short Stories to
Learn Spanish & Grow YouR
Vocabulary the Fun Way!
Easy Spanish Stories*

Lingo Mastery

www.LingoMastery.com

CONTENTS

INTRODUCTION

So you want to learn Spanish? That's awesome, reader. Spanish (or Castilian) is a Romance language spoken by over 570 million people around the world, and is recognized as an official language by the European Union, the Organization of American States, the Union of South American Nations, the Community of Latin American and Caribbean States, and many other organizations. It is also, impressively, the second most spoken native language in existence, after Chinese.

The Spanish language originated in the Castile region of Spain around the 9th century, and slowly evolved into what it has become today with heavy Latin influences as well as Greek ones. Interestingly enough, it is also one of the few languages spoken natively on four different continents (North America, South America, Europe and Africa), and has a heavy influence within the Philippines (Asia).

It may be important to note at this point that having a basic to intermediate level of Spanish may be an important tool for your professional future, as well as opening several doors for you on your resume if you feel the need to either migrate or work in a multi-cultural environment. Spanish speakers will usually appreciate your effort in having partially or fully learned their language, and they will happily collaborate with you in solving your doubts.

What the following book is about

We've written this book to cover an important issue that seems to affect every new learner of the Castilian tongue — a lack of helpful reading material. While in English you may encounter tons (or

1

gigabytes, in our modern terms) of easy and accessible learning material, in Spanish you will usually and promptly be given tough literature to read by your teachers, and you will soon find yourself consulting your dictionary more than you'd want to. Eventually, you'll find yourself bored and uninterested in continuing, and your initially positive outlook may soon turn sour.

There's something you must understand: Spanish isn't an easy language, but it isn't a horribly difficult one either. You just need to make an effort in identifying your flaws and weaknesses, and having purchased this book is a definite good start.

Our goal with this book will be to supply you with useful, entertaining, helpful and challenging material that will not only allow you to learn the language but also help you pass the time and make the experience less formal and more fun — like any particular lesson should be. We will not bore you with grammatical notes, spelling or structure: the book has been well-written and revised to ensure that it covers those aspects without having to explain them in unnecessarily complicated rules like text books do.

If you've ever learned a new language through conversational methods, teachers will typically just ask you to practice speaking. Here, we'll teach you writing and reading Spanish with stories. You'll both learn how to read it *and* write it with the additional tools we'll give you at the end of each story.

How Spanish Short Stories for Beginners has been laid out

We want to help you read stories and understand each aspect of the language in the most entertaining way, so we've compiled a series of tales which will each cover a particular tool of the language. Each story will tell a different tale involving unique, deep characters with their own personalities and conflicts, while ensuring that you understand the objective of the particular language device in

2

Spanish. Verbs, Pronouns, Nouns, Directions, Time and Date; all of it will be covered in this **Basic-level** book for **Beginners.** At no point will we introduce concepts too difficult for you to grasp, and any complicated vocabulary will be studied at the end of each story.

The stories have been written in a way that will allow you to:

a) Read the story without any distractions, paying attention solely to the plot of the tale without making special emphasis on distracting elements.

b) Interpret the tale you just read with the use of two summaries — one in English so that you may ensure you understood what the tale was about and can go back to it if there was something you didn't understand properly; and another in Spanish for when you start to dominate the language a bit better, allowing you to create your own summary for the book later on.

c) Understand the related terms expressed throughout the story with the use of a list of vocabulary that will give you important definitions and clear up any doubts you may have acquired.

d) Last but not least: ensure you have understood what you've read by providing you with a list of simple-choice questions based on the story, with a list of answers below if you want to corroborate your choices.

All of this will ensure absolute efficiency in not only reading the stories, but in understanding and interpreting them once you're done. It is **absolutely normal** that you may find certain terms unknown to your knowledge of the language, and it is **equally normal** that sometimes you may ultimately not entirely understand what the story is about. We're here to *help* you, in any way we can.

Recommendations for readers of Spanish Short Stories for

3

Beginners

Before we allow you to begin reading, we have a quick list of recommendations, tips and tricks for getting the best out of this book.

1. Read the stories without any pressure: feel free to return to parts you didn't understand and take breaks when necessary. This is like any fantasy, romance or sci-fi book you'd pick up, except with different goals.

2. Feel free to use any external material to make your experience more complete: while we've provided you with plenty of data to help you learn, you may feel obliged to look at text books or search for more helpful texts on the internet — do not think twice about doing so! We even recommend it.

3. Find other people to learn with: while learning can be fun on your own, it definitely helps to have friends or family joining you on the tough journey of learning a new language. Find a like-minded person to accompany you in this experience, and you may soon find yourself competing to see who can learn the most!

4. Try writing your own stories once you're done: all of the material in this book is made for you to learn not only how to read, but how to write as well. Liked what you read? Try writing your own story now, and see what people think about it!

Well, with all of that said, we can finally begin with the book — after all, we want you to start reading our stories right away.

<u>Good luck, reader!</u>

CHAPTER ONE

Basic Vocabulary

Paseo por el parque – A walk through the park

Pedrito, un **niño travieso** de siete años, decide tomar un **paseo** en el parque. A su lado camina su **perro** llamado Fido. Fido es de **pelo largo, color blanco** y tiene las **orejas marrones.** Mueve su **cola** con emoción mientras ambos **transitan** por un **camino** entre **filas** de **árboles.**

Es un día muy **feliz** para Pedrito. Se siente muy **a gusto.** Su **mamá** está en **casa**, pero ya le dio **permiso** para que se fuera con Fido a **caminar.**

En el parque hay otros niños, la **mayoría** en **grupos mezclados** de **hembras y varones.** Pedrito los observa por un momento, mirando como **disfrutan** de sus **juegos.** Quiere **integrarse**, pero decide **seguir.**

En su camino se encuentra con un inmenso árbol. Observa **hacia arriba** tras oír un **ruido** y ve **movimiento. ¿Ardillas?** Ciertamente, hay **peludos animales** en la **cima** del árbol. Comen **bellotas** y escalan las **ramas** del árbol con **espíritu aventurero.**

Una suave **brisa** golpea a Pedrito y éste sonríe. Es un día con **clima** muy **agradable.** Fido **ladra** y mueve su cola nuevamente al ver la **felicidad** de su **amo**, y este **se ríe.**

"Oh Fido, **¿qué sucede?**" le pregunta a su **mascota.**

Pedrito mira hacia adelante y entiende por qué Fido había ladrado. Hay un **lago** muy **grande** delante de ellos, un **cuerpo de agua enorme** con **patos, gansos y otros pájaros** caminando **alrededor**.

El niño se siente **curioso**, pero sabe que necesita **tener cuidado** de no **tropezar** y **caer** en el lago. Al **acercarse**, **observa** como el lago refleja el **azul** del **cielo** y la **luz solar** que **brilla** sobre él. Es una **vista impresionante**.

Una **pareja** rema un **bote** en el lago, y Pedrito mira como los **peces nadan** rápidamente para evitarlos. Un **bebé** llora desde el **pecho** de su **madre**. Fido **voltea** curioso y observa como la madre del bebé lo **calma** en pocos **segundos**. Es la **primera vez** que Fido observa un bebé **humano**.

Pero cuando voltea nuevamente al ver un movimiento, empieza a **gruñir**.

"¿Qué sucede?" pregunta Pedrito, pero ya es muy tarde. Fido **arranca** como en una **carrera** detrás de un enorme **gato** blanco. "¡Fido!" grita Pedrito, "Fido, ¡regresa!" pero Fido no le **presta atención**. El perro es **rápido** y el gato más aun. Pedrito sabe que debe **alcanzarlo**, y **acelera el paso** detrás de su mascota. "¡Fido!"

Llega a un gran **jardín** de **flores**, y escucha como varias **señoras** se **quejan** de que unos animales están **acabando con todo**. Cuando notan la **llegada** de Pedrito, **fruncen el ceño**.

"¿Ese perro **destructivo** es suyo?"

Pedrito las mira nervioso y **asiente** con la cabeza.

"¿Hacia dónde fue? Se me escapó y debo atraparlo."

"Hacia el **área** de la **cafetería**," le responde una señora **anciana** con cara de molestia, pero luego su expresión cambia. "**Suerte**, chico."

Pedrito da las **gracias** y rápidamente emprende su **persecución** nuevamente. Mientras corre, **observa** el daño que le hizo Fido a las lindas **rosas** y **tulipanes** que crecen en el jardín. Hay un gran número de **huellas** de animal en la tierra, y esto le permite a Pedrito seguirle el paso a su mascota.

De repente escucha **gritos.**

"Oh, ¿qué habrás hecho, perro desastroso?" se pregunta a sí mismo.

La cafetería está adelante, y está completamente **llena** de **comensales.** Hay **meseros** con **vasos**, **platos** y **cubiertos**, pero ya varios de ellos están gritándole el uno al otro por los animales que corren entre las **sillas** y **trepan** sobre las mesas.

"¡Atrápalo!" grita un mesero **gordo**. Varias personas se ríen a **carcajadas** al mirar la escena. Algunos comienzan a **grabar** con sus teléfonos **celulares.**

"Esto va para las **redes sociales**," dice una **joven** chica **pelirroja** entre risas.

Finalmente, Pedrito **pierde su paciencia.**

"¡Fiiiiiidoooooooo! ¡Basta!"

El perro se detiene, baja la cabeza y mete la cola entre las patas. Se acerca a Pedrito **lentamente** y parece **pedir perdón.** Todos los comensales y meseros miran hacia el niño **furioso** y su perro con **curiosidad.**

"Disculpen, señores," **murmura** Pedrito con **vergüenza,** y se aleja de la cafetería. Una vez alejados del área de comida, mira a su mascota con molestia. "¡No lo vuelvas a hacer!" Cuando ve la reacción de Fido, siente un poquito de **lástima** y se le **escapa** una sonrisa. "Está bien, tranquilo pequeño. Estás perdonado."

De repente, escucha a un hombre con una profunda voz.

"Hey, chico, ¿eres el **dueño** del perro?"

Pedrito siente nervios y mira el hombre con **temor**. Es un **tío alto**, **fuerte** y con **uniforme de seguridad**.

"Pues...si..." logra susurrar.

"Estás en problemas, ven conmigo."

Pedrito trata de buscar una forma de escapar a la situación, pero no hay ninguna.

"¿Qué tipo de problemas?"

"Los niños no pueden estar solos acá. Además, **dañaste** el jardín de flores y creaste **caos** en la cafetería. Vamos," le dice el **custodio**. "Te mantendremos en la oficina de custodios hasta que aparezca tu **representante**."

Los nervios crecen e incluso Fido empieza a **preocuparse**. *¿Oficina de custodios?*, se pregunta, *¿eso es como una cárcel o algo así?*

"¡Un momento!" grita una voz **familiar**. "¡Acá estoy!"

Pedrito y Fido giran, ambos **sorprendidos**.

"¡Mamá!" **suspira** Pedrito con alivio. "Estás aquí..." Casi **lloraba** de la emoción.

"Si, hijo. Disculpe, señor. Mi hijo sólo estaba intentando pasear a su perro cuando éste se soltó."

El custodio mira a Pedrito con **sospechas**, pero asiente.

"De acuerdo, señora. Que tengan un buen día. Intenten **sostener** a su mascota, por favor."

Cuando ya están **a solas** nuevamente, la mamá de Pedrito le lanza una mirada llena de **veneno**.

"¡Que no vuelva a pasar!"

Pedrito simplemente la mira con ternura y se acerca a abrazarla. Incluso Fido se para en dos **patas** para agradecerle su **repentino** rescate.

"Te queremos, mamá," dice Pedrito con alivio, alegría y amor. "Eres la mejor."

La rabia de su madre desaparece en seguida y le **devuelve** el abrazo a Pedrito y Fido.

"Ahh, hijo. Está bien. Te vine a avisar que ya está listo tu **almuerzo** favorito, ¡y mira cómo te terminé salvando de un castigo! Ahora vámonos, ya paseaste suficiente."

Y con eso, los tres regresaron a casa. Pedrito le sonrió a Fido.

"¿Oíste eso, compañero? ¡Nos espera lasaña en casa!"

Pedrito podría haber **jurado** — por más **fantasioso** que suene — que su perro le guiñó el ojo.

Resumen de la historia

Un jovencito llamado Pedrito decide ir al parque a pasear junto a su perro, Fido. Tras observar unos niños jugando y unos animales en un lago, Fido comienza a perseguir un gato. La persecución lleva a ambos a través de un jardín de flores y a continuación por una cafetería, causando destrozos. Finalmente un custodio del parque se acerca para llevarse a Pedrito y Fido por andar sin un representante, pero la madre de Pedrito aparece justo a tiempo para evitar mayores problemas.

Summary of the story

A little boy named Pedrito decided to go to park for a walk alongside his dog, Fido. There, they watch a few children playing, as well as some animals in a lake. Fido suddenly begins to chase a cat, and the hunt causes them to tear through a flower garden and a cafeteria, causing problems all around. Finally, a park security guard appears to escort Pedrito and Fido away for being there without an adult, but the boy's mother shows up in time to avoid any larger problems.

Vocabulary

Niño: Child
Travieso: Naughty
Paseo: Walk
Perro: Dog
Pelo largo: Long hair
Color blanco: White-colored
Orejas: Ears
Marrones: Brown (plural)
Cola: Tail
Transitan: Walk through
Camino: Path
Filas: Lines
Arboles: Trees
Feliz: Happy
A gusto: Content
Mamá: Mother
Casa: House
Permiso: Permission
Caminar: Walk
Mayoría: Most
Grupos mezclados: Mixed groups
Hembras: Females
Varones: Males
Disfrutan: Enjoy (plural)
Juegos: Games
Integrarse: Join in
Seguir: Continue
Hacia arriba: Upwards

Ruido: Noise
Movimiento: Movement
Ardillas: Squirrels
Peludos animals: Hairy animals
Cima: Top
Bellotas: Acorns
Ramas: Branches
Espíritu aventurero: Adventurous spirit
Brisa: Breeze
Clima: Weather
Agradable: Pleasant
Ladra: Barks
Felicidad: Happiness
Amo: Owner/Master
Se ríe: Laughs
¿Qué sucede?: What's going on?
Mascota: Pet
Lago: Lake
Grande: Large
Cuerpo de agua enorme: Huge body of water
Patos: Ducks
Gansos: Geese
Otros pájaros: Other birds
Alrededor: Around
Curioso: Curious

Tener cuidado: Take care
Tropezar: Trip
Caer: Fall
Acercarse: To approach
Observa: Observe
Azul: Blue
Cielo: Sky
Luz solar: Sunlight
Brilla: Shines
Vista impresionante:
Impressive view
Pareja: Couple
Bote: Boat
Peces nadan: Swimming
fishes
Bebé: Baby
Pecho: Chest/Breast
Madre: Mother
Voltea: Turns
Calma: Calms
Segundos: Seconds
Primera vez: First time
Humano: Human
Gruñir: Growl
Arranca: Bursts
Carrera: Race/Chase
Gato: Cat
Presta atención: Pay
attention
Rápido: Quick
Alcanzarlo: Reach/Catch
Acelera el paso:

Accelerate/Speed up
Jardín: Garden
Flores: Flowers
Señoras: Ladies
Quejan: Complain
Acabando con todo:
Destroying everything
Llegada: Arrival
Fruncen el ceño: Frown
Destructivo: Destructive
Asiente: Nods
Area: Area
Cafeteria: Cafeteria
Anciana: Old lady
Suerte: Luck
Gracias: Thanks
Persecución: Chase
Observa: Observes
Rosas: Roses
Tulipanes: Tulips
Huellas: Footprints
Gritos: Shouts
Llena: Full
Comensales: Diners
Meseros: Waiters
Vasos: Glasses
Platos: Plates
Cubiertos: Cutlery
Sillas: Chairs
Trepan: Climb
¡Atrápalo!: Catch him/it
Gordo: Fat

Carcajadas: Laughter
Grabar: To film
Celulares: Cellphones
Redes sociales: Social media
Joven: Young
Pelirroja: Redhead
Pierde su paciencia: Loses his/her patience
Lentamente: Slowly
Pedir perdón: Beg forgiveness
Furioso: Furious
Curiosidad: Curiosity
Murmura: Mutters
Vergüenza: Shame
Lastima: Pity
Escapa: Escapes
De repente: Suddenly
Dueño: Owner
Temor: Fear
Tío alto: Tall guy
Fuerte: Strong

Uniforme de seguridad: Security uniform
Dañaste: Damaged
Caos: Chaos
Custodio: Guard
Representante: Adult/Carer
Preocuparse: Worry
Familiar: Familiar
Sorprendidos: Surprised (plural)
Suspira: Sighs
Lloraba: Cries
Sostener: Hold onto
A solas: Alone
Veneno: Poison
Patas: Animal feet
Repentino: Sudden
Devuelve: Return
Almuerzo: Lunch
Jurado: Sworn
Fantasioso: Unbelievable/Fanciful

Questions about the story

1) ¿Quién es Fido y quién es Pedrito?

   a) Fido es el niño y Pedrito su mascota

   b) Fido es la mascota y Pedrito su dueño

   c) Ninguna de las anteriores

2) ¿Cuál de los siguientes animales NO ven Pedrito y Fido en el lago?

   a) Patos

   b) Gansos

   c) Cangrejos

   d) Peces

3) ¿Qué es lo primero que ven los dos personajes al llegar al parque?

   a) Ardillas

   b) Lago

   c) Cafetería

   d) Niños

4) ¿Cuál es la comida favorita de Pedrito?

   a) Steak

   b) Pollo horneado

   c) Lasaña

   d) Pasta boloñesa

5) ¿Qué aspecto tenía la chica que grabó a Fido?

   a) Alta, morena

   b) Joven, pelirroja

   c) Gorda, rubia

   d) Exótica, bronceada

Answers

1) B
2) C
3) D
4) C
5) B

CHAPTER TWO

Nouns

Una segunda oportunidad – A second chance

Anna despertó muy temprano ese **día**. El **sol** brillante anunciaba lo grandioso de la **jornada** que le esperaba. Había estado planeando este **viaje** desde hace **semanas** y nada podía salir mal.

Tomó su **teléfono celular** y llamó a **Robert** para confirmar la **salida**. "En treinta **minutos** pasamos a buscarte, ten listo tu **bolso**".

No necesitó consultar su **reloj** ni esperar, pues en el **tiempo** acordado la estaba esperando en la **puerta** un **hombre** joven y corpulento, que metió sus **pertenencias** en un **automóvil** grande, que parecía un **camión**, junto a las de otras doce **personas** que asistirían al mismo **destino**: una hermosa **playa** al sur de **Creta** llamada **Vathi**.

Esta **isla**, la más grande de **Grecia**, tiene una rica **fauna** submarina, haciéndola ideal para practicar **snorkel**. Sólo con una **máscara** y un par de **aletas** se puede descubrir un maravilloso e infinito **mundo** bajo el **mar**.

El **grupo** era muy variado, nadie se conocía antes de ese **encuentro** pero llegaron allí gracias a la misma **motivación**: viajar a un **lugar** desconocido, descubrir **cosas** fascinantes y alejarse un poco de la **civilización** y la **rutina**.

Cuando estuvieron completos en el **automóvil**, el **líder** del grupo se presentó, con un **tono** de **voz** muy solemne: "Buenos días a todos los **pasajeros** de esta humilde **unidad** de **transporte**. Sean bienvenidos, pero les advierto que hoy no permitiremos a nadie estar preocupado, triste o malhumorado. Mi **nombre** es **Daniel**, y seré su **guía** durante este viaje que jamás olvidarán".

Luego estalló en una sonora **carcajada** y todos reaccionaron con **risas**. Con eso rompió el **hielo** y comenzó a preguntar sus nombres para integrarlos.

Entre los viajeros comenzaron a presentarse: **Monique** era una **mujer** pálida con **cabello** rubio y venía con su **hijo** menor **Jean-Baptiste** desde **Francia**, **Giacomo** era un **hombre** mayor que venía desde **Italia**, **Guadalupe** era una **niña** muy aventurera que venía con **Rosa**, su madre, desde **México**, **Andrei** e **Irina** eran una pareja joven que venía desde **Rusia** y, como todos hablaban inglés muy bien, estuvieron conversando y conociéndose.

Daniel iba durante todo el **camino** haciendo **juegos** de **palabras** y contando **historias** para hacerlos reír mientras llegaban hasta la playa. No se sabía quién estaba más emocionado en llegar puesto que ninguno de ellos había estado antes allí.

Finalmente llegaron, después de imaginar por un largo rato cuántos **animales** exóticos o **plantas** raras podían encontrar.

Robert apagó el automóvil y comenzaron a descender, unos más apurados que otros, estirando las **piernas** y sacando cada quien su **equipaje**.

Se maravillaron con el hermoso **paisaje**, con la tibia **arena** bajo sus **pies**, con el **cielo** azul claro y las **nubes** blancas como **motas** de algodón. Sintieron una **paz** como nunca antes, una **tranquilidad** completa, tan ajena a la **ciudad**.

En un **momento** estaban organizando las cosas y recibiendo **instrucciones**. Ambos guías les advirtieron, ahora sí con **seriedad** "por favor no se alejen de las **áreas** señaladas, no se separen del

17

grupo y no vacilen en preguntar si tienen alguna **duda**. ¿Entendido?"

Se escuchó un fuerte "¡SÍ!" al **unísono**.

Luego de darles **indicaciones** de cómo ponerse las máscaras y aletas, les explicaron cómo utilizar el **equipo** de snorkel ya dentro del agua, qué hacer en **caso** de alejarse o encontrarse en **peligro** y la **ubicación** de los **sitios** importantes.

Poco a poco comenzaron a sumergirse en las aguas cristalinas de ese pequeño **paraíso**, y a observar **peces** de todos los **colores** y **tamaños**, **algas**, **corales** y otros animales diminutos que nunca antes habían visto.

Cada uno estaba concentrado en sacarle el mayor **provecho** a ese viaje y algunos, con **cámaras** sumergibles, tomaban **fotografías** a todo lo que veían.

Después de un largo **rato** explorando, nadie se dio cuenta de que **Annika**, una joven alemana, se estaba alejando del grupo y de las **zonas** seguras. Ella tampoco se había percatado de que una **corriente** submarina muy suave la estaba arrastrando hacia una zona más profunda.

Cuando tuvo un mal **presentimiento** levantó la **cabeza** del agua y entró en **pánico**. Olvidó por completo las instrucciones que le habían dado y comenzó a nadar frenéticamente hacia la **orilla** pero sus **esfuerzos** eran en vano y se estaba cansando rápidamente.

Daniel notó lo que ocurría casi de inmediato, se amarró una **soga** al **cuerpo** y se lanzó al agua mientras Robert la sostenía y le gritaba a Annika que recordara las indicaciones y recuperara la **calma**, mientras le prohibía a los demás acercarse.

Como Daniel tenía mucha **experiencia** como rescatista, sabía exactamente qué hacer, pero también sabía que Annika tenía el tiempo en su contra y estaba desesperada.

Nadó lo más rápido que pudo y logró llegar a ella justo cuando se desvanecía, perdiendo el **conocimiento**. Le hizo **señales** a Robert y éste reaccionó, ayudándolo a llegar a la orilla para auxiliar a la joven inconsciente.

Apenas llegaron a la orilla, todos los demás estaban alarmados y preocupados por el **desenlace** que podía haber en cualquier **instante**.

Los demás **viajeros** estuvieron inmóviles y en **silencio**, mientras Daniel realizaba las **maniobras** de respiración y resucitación como un **profesional**. Después de unos minutos, que parecieron eternos, la joven reaccionó y recuperó el **aliento**. Todos los presentes se alegraron y celebraron la espectacular maniobra del guía, mientras éste pedía **espacio** para que ella pudiera recuperarse.

Luego de todas las **emociones**, llegó el momento de volver al automóvil y a la **realidad**.

Annika pidió un momento para hablar con todos antes de volver:

"Le pido **disculpas** a todos por haber olvidado las instrucciones y casi arruinarles el viaje. No fue mi intención arriesgar mi vida ni hacerlos pasar un mal rato." Su voz se quebró al final de la **oración** y cuando estaba a punto de llorar Robert la interrumpió.

"Eso fue culpa de Daniel, que les advirtió que el viaje sería inolvidable".

Y ella, con los ojos llenos de **lágrimas**, comenzó a reír como todos los demás. A lo que Daniel respondió, entre risas:

"Voy a cuidar mis palabras la próxima vez. No dije que sería inolvidable por algo malo".

Y todos regresaron, conversando y riendo, como si nada hubiese pasado pero, en definitiva, apreciando más sus **vidas**.

Resumen de la historia

Anna es una joven aventurera, quien planea irse de paseo a la playa, con un grupo de personas. Robert y Daniel son sus guías turísticos, quienes presentan al diverso grupo y les dan las instrucciones a seguir durante su estadía. Otra joven del grupo, Annika, es peligrosamente arrastrada hacia un área profunda por una corriente submarina, sin darse cuenta, y comienza a ahogarse. Daniel se lanza al agua para socorrerla, mientras Robert lo ayuda, desde la orilla. Después de rescatarla, ella recupera la conciencia, haciendo reflexionar a todos.

Summary of the story

Anna is a young adventuress, who plans to go on a trip to the beach with a group of people. Robert and Daniel are their tour guides, who introduce the diverse group and give them the instructions to follow during their stay. Another girl in the group, Annika, is dangerously dragged into a deep area by an underwater current without realizing it and begins to drown. Daniel jumps into the water to help her while Robert assists him from the shore. After rescuing her she regains consciousness, making everyone reflect on the importance of safety.

Vocabulary

Día: Day
Sol: Sun
Jornada: Day
Viaje: Trip
Semanas: Weeks
Teléfono celular: Cell phone
Salida: Departure
Minutos: Minutes
Bolso: Bag/Backpack
Reloj: Watch
Tiempo: Time
Puerta: Door
Hombre: Man
Pertenencias:
Belongings/Possessions
Automóvil: Car
Camión: Truck
Personas: People
Destino: Destination
Playa: Beach
Creta: Crete
Isla: Island
Grecia: Greece
Fauna: Fauna
Snorkel: Snorkel
Máscara: Mask
Aletas: Flippers/Frogfeet
Mundo: World
Mar: Sea

Grupo: Group
Encuentro: Meeting
Motivación: Motivation
Lugar: Place
Cosas: Things
Civilización: Civilization
Rutina: Routine
Líder: Leader
Tono: Tone
Voz: Voice
Pasajeros: Passengers
Unidad: Unit
Transporte: Transportation
Nombre: Name
Guía: Guide
Carcajada: Laugh/Laughing
Fit
Risas: Laughter
Hielo: Ice
Mujer: Woman
Cabello: Hair
Hijo: Son
Francia: France
Italia: Italy
Niña: Girl
México: Mexico
Rusia: Russia
Camino: Road/Way
Juegos: Games

Palabras: Words	**Corales:** Corals
Historias: Stories	**Provecho:** Profit/Benefit
Animales: Animals	**Cámaras:** Cameras
Plantas: Plants	**Fotografías:**
Piernas: Legs	Photographs/Pictures
Equipaje: Luggage	**Rato:** While
Paisaje: Landscape	**Zonas:** Zones
Arena: Sand	**Corriente:** Current
Pies: Feet	**Presentimiento:**
Cielo: Sky	Feeling/Premonition
Nubes: Clouds	**Cabeza:** Head
Motas: Speckles	**Pánico:** Panic
Paz: Peace	**Orilla:** Seashore
Tranquilidad:	**Esfuerzos:** Efforts
Quiet/Tranquility	**Soga:** Rope
Ciudad: City	**Cuerpo:** Body
Momento: Moment	**Calma:** Calmness
Instrucciones: Instructions	**Experiencia:** Experience
Seriedad: Seriousness	**Conocimiento:** Consciousness
Áreas: Areas	**Señales:** Signals
Duda: Doubt	**Desenlace:** Outcome
Unísono: Unison	**Instante:** Instant
Indicaciones: Directions	**Viajeros:**
Equipo: Equipment/Kit	Travelers/Passengers
Peligro: Danger	**Silencio:** Silence
Ubicación: Location	**Maniobras:**
Sitios: Places/Sites	Maneuvers/Moves
Paraíso: Paradise	**Profesional:** Professional
Peces: Fishes	**Aliento:** Breath
Colores: Colours	**Espacio:** Space
Tamaños: Sizes	**Emociones:** Emotions
Algas: Algae/Seaweeds	**Realidad:** Reality

Disculpas: Apologies/Excuses

Oración: Sentence

Lágrimas: Tears

Vidas: Lives

Pasamos a buscarte: We will pick you up

Ten listo tu bolso: Be ready and take your backpack

Estalló en una sonora carcajada: Started laughing out loud

No se sabía quién: They didn't know who

Ahora sí: Now with added emphasis

Nadie se dio cuenta: No one realized

Entró en pánico: She was filled with panic

Tenía el tiempo en su contra: Was running out of time

Perdiendo el conocimiento: Losing her conscience

A punto de llorar: About to cry

Questions about the story

1) ¿En cuánto tiempo pasaron buscando a Anna?

a) Una hora

b) Veinte minutos

c) Dos días

d) Treinta minutos

2) ¿En qué país se ubica la playa a la que viajaron los aventureros?

a) España

b) Grecia

c) Italia

d) Portugal

3) ¿Cómo se llamaba la joven que se estaba ahogando?

a) Guadalupe

b) Monique

c) Annika

d) Irina

4) ¿Quién se lanzó al agua para rescatar a la joven que se estaba ahogando?

a) Daniel

b) Andrei

c) Giacomo

d) Robert

5) ¿Qué le dijo Annika al grupo antes de volver?

a) No quería volver a verlos

b) Sugirió salir al día siguiente

c) Se quedó callada

d) Les pidió disculpas

Answers

1) D
2) B
3) C
4) A
5) D

CHAPTER THREE

Basic Introductions & Simple Conversations

Dos extraños en un aeropuerto – Two Strangers at an Airport

Francisco bostezó. Su vuelo no era hasta dentro de dos horas, y la espera lo estaba volviendo loco. No era fácil esperar un vuelo; los aeropuertos tampoco son los lugares más interesantes del mundo, y no hay mucho que hacer.

Volvió a bostezar, y esta vez sintió que el tiempo pasaba más lento que nunca. Su viaje a Estados Unidos se veía tan distante. Nueva York parecía estar a años luz de él...

Algo lo hizo levantar la cabeza, y de repente sus labios se despegaron ligeramente en asombro. Era casi como amor a primera vista.

La chica era blanca y esbelta, con cabello largo negro y ojos marrones que brillaban suavemente con la luz. Tenía una sonrisa curiosa en su cara mientras miraba a su alrededor, buscando...algo, pero Francisco no sabía qué. Llevaba una pequeña maleta y un bolso en una mano, y en la otra mano cargaba su teléfono celular.

Francisco casi se lamentó en voz alta — la hermosa chica **iba a seguir de largo** sin siquiera haberlo mirado. Era una tragedia y una injusticia de la vida...

Hasta que, de repente y sin provocación alguna, la chica **hizo la pregunta** que cambiaría todo.

"¿Dónde podré cargar este teléfono?" suspiró. Al parecer no tenía cargador propio. Francisco miró hacia abajo, y luego de nuevo a la chica. *¡Nuestros teléfonos son de la misma marca, podrá cargarlo con mi cargador!*

Pretendiendo hacerse el desinteresado, Francisco alzó la voz y **le habló**:

"Hey, disculpa, yo tengo un cargador si te interesa."

La chica volteó hacia Francisco y **asintió amigablemente**.

"Sí, de verdad necesito uno, ¡gracias!" dijo con una voz alegre, y se sentó casi a su lado. Francisco sintió como los nervios lo invadían, pero logró sacar su cargador de su bolso sin dejarlo caer.

Pasaron segundos incómodos mientras la desconocida lo conectaba a un enchufe, y luego comenzó a cargar.

"¿Funcionó?" preguntó Francisco, **admirando a la chica** sin que ella se diera cuenta.

"¡Sí!"

Más segundos de silencio pasaron, y Francisco **se armó de valor**.

"¿Hacia dónde vas?" *Seguramente va a encontrarse con su guapo y adinerado novio,* **pensó** Francisco.

"Ah, pues me **dirijo hacia** los Estados Unidos. Estoy haciendo un tour por el continente americano, ¡para **publicar** en mi blog de viajes!" Finalizó la oración con una sonrisa, y Francisco sintió que su corazón se derretía.

"Que coincidencia," **logró decir**, "yo también voy hacia *los United States*," dijo con una risa nerviosa. "New York City, para ser exacto," **agregó**.

"Pues no me digas, ¡yo también!"

Los ojos de Francisco se pusieron como dos huevos fritos. Sin saber por qué, **estiró la mano**.

"Soy Francisco, mucho gusto."

"Alejandra, un placer." La chica al fin tenía nombre. Era un nombre agradable, bonito de hecho.

"¿Qué harás en la Gran Manzana?" preguntó un Francisco curioso. "¿Tienes algún plan para los días que estés allá?"

"Pues sí, por supuesto que voy a conocer el Empire State, tomarme un *selfie* en Times Square y además quiero visitar el sitio donde anteriormente estaban las Torres Gemelas."

Francisco intentó no mostrar su asombro. Era prácticamente lo que él quería hacer.

"Ok, tenemos planes muy parecidos, Alejandra. **Cuéntame**, ¿a qué te dedicas?"

Alejandra **lo miró** extraño. El tema había saltado de un extremo a otro, pero aún así **le respondió**.

"Bueno, soy escritora y además diseñadora de webs. Ambas cosas me sirven para mi blog, y es un proyecto ambicioso que tengo. Y tú, ¿qué haces para sobrevivir?"

Francisco quería mentir para sonar más interesante, pero sabía que mentir nunca era bueno y menos con una chica.

"Soy administrador de empresas. Aunque trabajo con muchas grandes empresas, cambiaría lo aburrido de mi trabajo por lo divertido de lo tuyo, Alejandra," dijo con cierto atrevimiento.

La chica sonrió y **sacudió la cabeza**.

"A veces es mejor tener un trabajo normal, los proyectos ambiciosos como éste pueden necesitar más tiempo e inversión de dinero de lo normal." Finalmente Alejandra **parecía estar más cómoda hablando.** "¿Cuándo es tu vuelo?"

Francisco **miró el reloj.** La conversación **había logrado distraerlo un rato.**

"En una hora y media. ¿Y el tuyo?"

Alejandra **imitó su gesto** y miró su reloj también.

"Ahora que lo pienso…también. ¡Es el mismo, supongo!"

Francisco trató de no mostrar su emoción.

"Aparentemente, sí." Cambió el tema de nuevo. "¿Por qué viajas sola?"

Alejandra hizo un **gesto de fastidio.**

"El plan era venir con mi novio," dijo, y Francisco fue embargado por una repentina tristeza, "pero el idiota me engañó y se acabó la relación. Menos mal me di cuenta a tiempo que no era el adecuado." Ahora el corazón de Francisco batía fuertemente. *Tengo un chance,* pensó. "¿Y tú, por qué viajas sólo?"

"Pues porque de hace más de un año que no tengo con quién. Desde que eso acabó, viajo sólo."

La chica lo miró como con curiosidad, pero **no preguntó nada.**

"¿Y qué harás allá? ¿Piensas ir a otras ciudades?" Ya Alejandra estaba preguntando, no sólo respondiendo. Era buena señal.

"Pues quiero ir a los clubes de música, al teatro, además de los lugares que también mencionaste tú. También Central Park. Quiero que sea una experiencia inolvidable."

Alejandra **se veía pensativa** mientras miraba hacia la pista de aterrizaje.

"Nos acabamos de conocer, pero podrías ayudarme a escribir mi blog, creo," dijo de repente. El corazón de Francisco estaba latiendo más veloz ahora.

"¿Y como desea que haga eso, señorita Alejandra?"

"Podrías **contarme de tus experiencias** dentro de unos días, luego de que hayas paseado por la ciudad. Eso sería bueno."

¿Nos veremos de nuevo? Se preguntó Francisco con emoción. *¡Al parecer así será!*

"Por supuesto," dijo sin mostrar emoción. "Me encantaría."

No pasó mucho tiempo para que empezaran a llamar a los pasajeros del vuelo, y los dos viajeros se despidieron con una sonrisa mientras buscaban sus asientos en el avión.

Sin saberlo, **era el comienzo de algo especial…**

Dos años después

Alejandra miró a Francisco y puso su mano sobre la de él. Estaban en el balcón de un apartamento con una vista hermosa frente al mar.

"¿Te acuerdas como comenzó todo esto?" le pregunto, y Francisco soltó una carcajada.

"**Moría de la pena** ese día en el aeropuerto. Pero todo fue hermoso," agregó.

Alejandra lo abrazó y escribió en su laptop:

"Y vivieron felices para siempre."

Publicó el post sobre su historia de amor en su blog y se paró del asiento para admirar el atardecer neoyorquino.

Ya Francisco y Alejandra no eran dos extraños caminos a un viaje en Nueva York.

Eran una pareja amorosa residente de la Gran Manzana.

Pasaron de presentarse por su necesidad de un cargador de teléfono a ser novios que se amaban. *¡Qué vueltas da la vida!*

"Acompáñame, mi amor" dijo Alejandra de repente, viendo como la emoción crecía en la cara de Francisco, **"¡que la vida es hoy y hay que vivirla!"**

Resumen de la historia

Francisco está esperando con fastidio en un aeropuerto, su viaje a Nueva York, EEUU, pareciendo más lejos con cada segundo que pasa. De pronto, gira la cabeza y ve una mujer hermosa. Le pasa por al lado y pregunta en voz alta dónde podría conseguir un cargador. Francisco rápidamente le ofrece el suyo y la chica se sienta al lado de él. En un intento por sacarle conversación, Francisco le habla, y pronto descubre que se llama Alejandra, y que también va para el mismo sitio que él. Ella es dueña de un blog de viajes, y quiere documentar su paseo por la Gran Manzana. Alejandra le ofrece la posibilidad de ayudarla con su blog y pronto se despiden. Dos años después, nos encontramos nuevamente con los dos: ahora son pareja y residentes de la Gran Manzana. La vida da muchas vueltas.

Summary of the story

Francisco is bored, waiting in an airport for his flight to New York, USA. His trip is looking increasingly more distant with each passing second. All of a sudden, he turns and spots a beautiful woman coming his way. She walks past him and wonders out loud where she could find a phone charger. Francisco quickly offers his and the girl sits beside him. In an attempt to chat her up, he begins talking to her and soon discovers her name is Alejandra, and that she's also going to the same destination as he is. She's the owner of a travel blog, and wants to document her trip to the Big Apple. Alejandra offers him the chance to meet again so that he can help her with her blog, and they soon say their farewells. Two years later we find them again: they're now a loving couple and residents of New York City. Life is full of surprises.

Vocabulary

Iba a seguir de largo: She was going to walk past
Hizo la pregunta: Asked the question
Pretendiendo hacerse el desinteresado: Playing it cool
Le habló: He spoke to her
Asintió amigablemente: Nodded in a friendly manner
Admirando a la chica: Admiring the girl
Se armó de valor: Summoned his courage
Pensó: Thought
Dirijo hacia: Traveling towards
Publicar: Post
Logró decir: Managed to say
Agregó: Added
Estiró la mano: Stretched his hand out
Cuéntame: Tell me
Lo miró: Looked at him
Le respondió: Replied to him/her
Sacudió la cabeza: Shook his head
Parecía estar más cómoda hablando: Seemed more comfortable talking (f)
Miró el reloj: Checked his/her watch
Había logrado distraerlo un rato: Had managed to distract him for a while
Imitó su gesto: Imitated his gesture
Gesto de fastidio: Gesture of annoyance
No preguntó nada: Didn't ask anything
Se veía pensativa: Seemed thoughtful
Contarme de tus experiencias: Tell me about your experiences
Era el comienzo de algo especial: It was the beginning of something special

Moría de la pena: The shame was killing him

Y vivieron felices para siempre: And they lived happily ever after

Que la vida es hoy y hay que vivirla: Life is the present and we have to live it

Questions about the story:

1) ¿Para dentro de cuánto tiempo salía el vuelo de Francisco?

   a) Seis horas
   b) Treinta minutos
   c) Una hora
   d) Dos horas

2) ¿De qué color eran los ojos de Alejandra?

   a) Marrones
   b) Azules
   c) Verdes
   d) Negros

3) ¿Dónde quería tomarse un selfie Alejandra?

   a) En el Empire State
   b) En el sitio donde estaban las Torres Gemelas
   c) Central Park
   d) Times Square

4) ¿Qué pasó con el novio de Alejandra?

   a) No quiso viajar con ella
   b) Estaba trabajando
   c) La engañó
   d) Ninguna de las anteriores

5) ¿Dónde quedaba el apartamento de Francisco y Alejandra?

   a) Frente al mar
   b) Frente a la Estatua de la Libertad
   c) Cerca de Central Park
   d) En el Empire State

Answers

1) D
2) A
3) D
4) C
5) A

CHAPTER FOUR

Pronouns

La lista negra – The black list

Emilio **se** sentaba siempre de **primero**, era **quien** levantaba la mano para responder cada vez **que** la maestra hacía una pregunta y, antes de que terminara de hablar, **él** decía: "¡**Yo**, maestra!" o "¡**Pregúnteme** a **mí**!".

Cuando quería intervenir, haciendo alarde de **sus** conocimientos en todas las materias, algo que ocurría con mucha frecuencia, levantaba **su** pequeña mano y decía, sin vacilar, "disculpe, maestra, pero estuve leyendo sobre **ese** tema y **me** parece...".

Los padres de Emilio eran muy estrictos. Luego de la escuela **lo** llevaban a practicar tenis, a la academia de música y a clases de ajedrez. Siempre estaba ocupado, siempre haciendo **algo** "importante". No faltaba ni un solo día a sus actividades cuidadosamente programadas.

Como sus padres siempre estaban **exigiéndole** tanto y él era muy inteligente, todos los profesores solían elogiar**lo** por ser muy buen estudiante. Todos los adultos lo tenían en muy alta estima y **le** decían "**tú** has sido uno de **mis** mejores estudiantes".

Aunque Emilio era el estudiante "modelo" de la clase, con una conducta intachable, estaban otros niños que sacaban muy buenas calificaciones. Samuel era bastante alegre y bromista; él se llevaba bien con todos. Sandra era coqueta y un poco despistada; **ella** solía extraviar sus lápices. Erasmo era muy colaborador y le explicaba a **quien** no entendía algo de la clase.

En el salón de clases, Emilio era soberbio y un poco egoísta. Siempre decía "no puedo, mis padres no me dejan **esto**" o "no puedo, mis padres me regañarán si hago **aquello**".

A pesar de su actitud, sus compañeros trataban de no **molestarse**... o **molestarlo**. Hasta que empezaron a **excluirlo** de los juegos y las bromas grupales, inocentes, que a veces hacían reír, incluso, a la maestra.

Emilio fingía que no le importaba la indiferencia que le demostraban sus compañeros pero, en el fondo, esto lo estaba **poniendo un poco triste**. La maestra se dio cuenta de esto, le preocupaba y trataba de incluirlo pero no era fácil.

Ciertos días, cuando los niños estaban más bulliciosos y desordenados, la maestra **los** amenazaba con colocar sus nombres en "la lista negra". Cuando el grupo de estudiantes escuchaba **esta** frase, inmediatamente se sentaban, ordenaban sus cosas y prestaban atención, en completo silencio.

No todos sabían de qué se trataba esa "lista negra" pero su sola mención **los** ponía nerviosos. Intuían que era algo malo.

Algunos afirmaban que, si **tu** nombre aparecía en **esa** lista, **te** harían ver a la directora y llamarían a **tus** padres, lo **cual** significaría un castigo seguro. **Otros** decían que te expulsarían sin contemplaciones y que, si eso pasaba, tus padres te **echarían de tu casa** también. Y otros, los más imaginativos, aseguraban que esa lista negra provocaría que te llevaran a un reformatorio para corregir el mal comportamiento.

A diferencia de la mayoría de sus compañeros, esto no causaba temor a Emilio. Él se sentía muy lejos de esa terrible lista, gracias a sus excelentes calificaciones y buena conducta.

Una mañana, los niños estaban distraídos y querían jugar, más que aprender. Querían hablar, más que prestar atención a la maestra.

El grupo seguía muy agitado a pesar de los regaños y, cuando ya estaban a punto de acabar con la paciencia de la señorita Patricia, tocaron la puerta del salón. Ella, **recomponiéndose**, **les** dijo "se salvaron de un castigo severo pero, si siguen así cuando yo regrese, colocaré en la lista negra a quien vea fuera de su silla. Estoy hablando muy en serio", y salió nuevamente.

La maestra, luego de asomarse a la puerta y hablar un momento con quien estaba del otro lado, entró nuevamente.

"Niños, esto me va a tomar un poco más de lo que esperaba. Vuelvo en un rato pero ya saben lo que les dije. Por favor, **evítense** un castigo y **evítenmelo** a **mí**," dijo.

Durante un buen rato todo se mantuvo en calma. Casi todos estaban tranquilos, callados, tratando de distraerse en silencio, luchando con todas sus fuerzas contra ese instinto infantil de hablar y jugar en todo momento.

Los más temerosos pedían a los demás que se mantuvieran quietos, cuando notaron que comenzaban a hablar en voz alta, **levantarse**, **caminar por ahí**.

Pronto, el volumen de sus voces comenzó a subir, comenzaron a **arrojarse** papeles, a **reírse a carcajadas** y a jugar **unos** con otros. Emilio permanecía ajeno a todo **ese** caos...pero también moría por jugar.

De un momento a otro, comenzaron a **lanzarse** una pelota grande de papel. La pelota rebotó en la mesa de Martín, que siempre se sentaba en uno de los primeros asientos, y cayó justo a los pies de Emilio. Todos voltearon a **verlo**. Emilio tomó la pelota con su mano derecha, la observó con detenimiento y, en un movimiento inesperado la arrojó de vuelta.

Todos estaban sorprendidos. Él nunca hacía nada parecido. Siempre que algo así pasaba, Emilio simplemente los ignoraba. Así que, esta vez, se integró al grupo y comenzó a reírse y jugar con sus compañeros, como había querido desde hacía tiempo, en secreto, pero su actitud orgullosa no se lo permitía.

Ahora todos estaban jugando, riendo, siendo felices. Ya nadie estaba callado o sentado. Emilio sentía mucha alegría, nunca se había reído tanto, nunca se había permitido ensuciar su ropa o sudar.

De repente, se abrió la puerta de par en par. La maestra los miraba con ojos desorbitados. No podía creer todo el caos que habían logrado en pocos minutos.

Corrieron a **sentarse**. Iban tropezándose unos con otros, recogiendo los lápices, borradores, las pelotas de papel. Trataron de disimular, sin éxito, todo el alboroto que habían hecho.

Las palabras de la maestra fueron muy directas "a pesar de lo que les advertí, estaban todos, absolutamente todos, fuera de sus asientos. Todos estaban brincando, corriendo, gritando, arrojando cosas. Estoy decepcionada de **ustedes**."

Comenzaron a suplicar por piedad, incluyendo a Emilio. Nunca había estado tan aterrado, **sintiéndose** culpable por su mal comportamiento.

Antes de que estallaran en llanto, la maestra los interrumpió "sin embargo, me alegró verlos jugando y riendo juntos, sin excluir a **algún** compañero. Y, como veo que están verdaderamente arrepentidos y confío en que no lo volverán a hacer, no los colocaré en la lista negra".

Todos los niños comenzaron a agradecerle y a deshacerse en elogios. Ella, por último, sentenció "pero sólo por esta vez". Y Emilio se sintió feliz, de nuevo.

Resumen de la historia

Emilio es un niño muy inteligente y excelente estudiante. Sus padres son muy estrictos y siempre le exigen que sea el mejor en todo. A pesar de esforzarse constantemente por ser el mejor, Emilio no tiene amigos, por su actitud arrogante y egoísta. Su maestra siempre les advierte a todos los niños que, si tienen mal comportamiento, escribirá sus nombres en la lista negra, y esto persuade a los niños de portarse bien. Pero, un día, ella tiene que ausentarse y todo se sale de control, resultando en una lección para Emilio y para todos los demás.

Summary of the story

Emilio is a very smart boy and an excellent student. His parents are very strict and they are always demanding him to be the best in every activity he makes. Even when he is constantly making his biggest effort to be the best, Emilio has no friends, because of his arrogant and selfish attitude. His schoolteacher is always warning all the children that, if they have a bad behavior, she will write their names on the black list, and this persuades the children to conduct themselves. But, one day, she has to be absent and everything gets out of control, resulting in a lesson for Emilio and everyone else.

Vocabulary

Se (sentaba): He (sat)

Primero: First

Quien: Who

Que: That

Él: He

Yo: Me

Pregúnteme: Ask me

Mí: Me

Cuando: When

Sus: His

Su: His

Ese: That

Me (parece): I (think)

Lo (llevaban): (Take) him

Algo: Something

Como: Like/As

Exigiéndole: Demanding on him

Elogiarlo: To praise him

Le (decían): (Say) to him

Tú: You

Mis: My

Ella: She

Esto: This

Aquello: That

Molestarse: To get upset

Molestarlo: To bother him

Excluirlo: To exclude him

Los (amenazaba): (Used to threaten) them

Esta: This

Algunos: Some

Tu: Your

Esa: That

Te (harían): (They would make) you

Tus: Your

Cual: Which

Otros: Other (schoolmates)

Recomponiéndose: Recovering herself

Les (dijo): (Said) them

Evítense: Avoid yourselves

Evítenmelo: Help me to avoid myself

Levantarse: To stand up

Arrojarse: To throw themselves

Unos: Some of them

Lanzarse: To throw themselves

Verlo: To see him

Sentarse: To take a seat

Ustedes: You

Sintiéndose: Feeling

Algún: Any

Haciendo alarde de: Make a show of

Poniendo un poco triste: Starting to feel a little sad

Echarían de tu casa: Would kick you out of your home

A diferencia: Unlike

Caminar por ahí: To walk around

Reírse a carcajadas: To roar with laughter

De repente: Suddenly

Se abrió la puerta de par en par: The door was opened wide

Estallaran en llanto: They started crying out loud

Deshacerse en elogios: To praise too much

Questions about the story

1) **¿Cómo eran los padres de Emilio?**

    a) Comprensivos

    b) Relajados

    c) Estrictos

    d) Indiferentes

2) **¿Con qué amenazaba la maestra a los niños si se portaban mal?**

    a) El coco

    b) La lista negra

    c) El lobo feroz

    d) El hada de los dientes

3) **¿Sobre la mesa de quién rebotó la pelota antes de caer a los pies de Emilio?**

    a) Sandra

    b) La maestra

    c) Samuel

    d) Martín

4) **¿Qué hizo Emilio cuando la pelota cayó a sus pies?**

    a) Romperla

    b) Guardarla

    c) Arrojarla de vuelta

    d) Entregársela a la maestra

5) **¿Cómo reaccionaron los niños cuando la maestra los disculpó?**

    a) Le agradecieron y elogiaron

    b) Llamaron a sus padres

    c) Comenzaron a llorar

    d) La acusaron con la directora de la escuela

Answers

1) C
2) B
3) D
4) C
5) A

CHAPTER FIVE

Numbers

El almacén – The warehouse

Samuel suspira y revisa su carpeta por **décima** vez. No está teniendo un buen día. Es el **tercer** día en fila que los pedidos se enredan. Ya se está cansando de que suceda, por culpa de los **cuatro** operadores que aparentemente no tienen idea de lo que hacen.

"¡Vamos, ustedes **dos**!" le grita a unos subordinados que no querían trabajar, "Quiero productividad, ¡el que no quiera trabajar se puede ir de **una** vez!" Son empleados muy flojos, impuntuales e inseguros en sus tareas. Tenía que repetirle las instrucciones **cien** veces y a la **ciento y una** era que finalmente comprendían lo que debían hacer.

Se han **extraviado cinco** pedidos, y **ninguno** de los trabajadores parece saber donde están. La cabeza de Samuel está que explota, pero sabe que tiene que controlarse y calmarse. Sus trabajadores lo adoran, pero sabe que a veces tiene que poner orden y regañarlos para que trabajen bien.

"Señor, acá tengo **una serie** de archivos que puede decirnos donde están; son del **veintiocho de este mes**," dice una joven. Es la única que parece entender lo que se debe hacer en la empresa — Samuel hace una nota mental para recomendarla una vez pase la semana. Será el **primer** empleado que recomienda en **muchos** meses; nadie más está rindiendo igual.

"Excelente, Sarah," dice en voz alta, "así es que se resuelven los problemas. No quiero **tantas** caras confusas, ¡quiero soluciones!" grita, y regresa a la oficina con los archivos. Se sienta y mira los pedidos del día. "**Seis mil cuatrocientos cinco,**" dice en voz alta, encontrando el primer pedido que estaba buscando. "**Seis mil quinientos ocho,**" dice a continuación, habiendo hallado el **segundo**. Así pues, encuentra los otros pedidos extraviados y comienza a seguir sus recorridos desde que salieron de la fábrica. **Una de tantas** fábricas que envían **numerosos** productos al almacén. "No puede ser," suspira. Los pedidos al parecer ya habían llegado al almacén temprano en la mañana. "¿Entonces dónde rayos están?"

"Señor, disculpe," alguien dice desde la puerta. Es Sarah de nuevo. "Tengo **unas** ideas de cómo podríamos hallar los pedidos perdidos. Las facturas físicas pueden tener los datos sobre esos pedidos, precisamente. También podríamos consultar directamente con las personas que guardan esos archivos."

"¿Y dónde están esas facturas?" pregunta Samuel.

"En el sector **primario** de administración. ¿Vamos?"

Samuel asiente con la cabeza y comienzan a caminar. Pasan al lado de muchos almacenistas, **algunos** de los cuales voltean curiosos al ver a su jefe caminando molesto hacia administración. **Tres** montacargas pasan **en fila**, y el jefe suspira impacientemente mientras espera que desocupen su camino.

"¿Siempre es así de ocupado por aquí, señor?" pregunta Sarah, sintiendo algo de lástima por el malhumor de su jefe. No parece un mal hombre, sólo se encuentra bajo mucho estrés.

"Sí, Sarah, pero no siempre pasan estas cosas. Espero entiendas mis frustraciones. **Miles** de pedidos pasan por acá, pero últimamente **varios** se han extraviado."

Siguen caminando, su trayecto llevándolos por **seis** sectores distintos del almacén, hasta que por fin llegan a su destino. Hay **una multitud** de trabajadores de oficina, todos laborando en computadoras o haciendo fotocopias, algunos hablando por teléfono y **otros** tomando café; era una atmósfera de trabajo muy distinta a la del almacén.

"Sígame por acá," dijo Sarah, y Samuel sigue la orden.

Llegan a una oficina donde está sentada una señora de **cuantiosa** elegancia y que tiene su escritorio cubierto de **variados** adornos y objetos.

"¿Sí?" pregunta con impaciencia, y Samuel finge una sonrisa amigable.

"Buenos días, soy gerente del área de almacén y necesito revisar su base de datos de facturas físicas. Tenemos unos extravíos de pedidos que llegaron, y requiero resolver ese problema con urgencia."

La señora se quita los lentes y comienza a teclear en la computadora.

"Un momento, pediré un permiso para que puedas acceder a nuestra base de datos." Pasan dos minutos mientras teclea. Samuel comienza a mirar a Sarah. Tres minutos. **Ocho** minutos después, finalmente parece haber recibido respuesta. "Listo, pueden pasar." Un joven llega a la puerta y la señora les indica que lo sigan.

Caminan hasta llegar al sitio donde se guardan las facturas. Hay **cientos** de estantes y **miles** de cajas. Aún así, hay cierto desorden — **la mayoría de** las cajas recientes han sido simplemente lanzadas en **una pila** desordenada.

"Pueden comenzar a buscar," dice el joven, sentándose al lado de la puerta para observarlos.

"Oh, aquí comienza," le dice Samuel a Sarah, y los dos se ponen **manos a la obra.**

La búsqueda les lleva tres horas de incansable revisión, pero finalmente encuentran la caja que necesitaban encontrar, y dentro de ella las facturas extraviadas. Samuel se sienta en el piso con cansancio y se pasa la mano por la frente. Sarah sonríe.

"Y entonces, ¿qué dicen las facturas?"

Samuel sacude su cabeza para concentrarse y levanta los cinco pedidos que tanto habían anhelado encontrar.

"No, imposible…" suspira.

"¿Qué sucede?" pregunta Sarah con preocupación.

"Tienen mi firma…llegaron al almacén y acá tienen mi firma. ¡Pero yo jamás las firmé; alguien está usando mi firma!"

Los dos corren de vuelta a su sitio de trabajo, lo más rápido que pueden. Trabajadores de **todas** las áreas los miran con curiosidad, pero Samuel sabe que era urgente lo que está ocurriendo. **Pocos instantes después**, llegan a la zona del almacén.

Samuel tira de una palanca que significa la parada de actividades y mira a los trabajadores.

"Aquí está pasando algo," dice con certeza, su cara seria y su tono autoritario. "Y si los culpables no se entregan, voy a llamar a la policía." Hay un largo silencio y una sensación general de asombro. **Nadie** esperaba esto. "De acuerdo, voy a llamarlos ya—"

"¡Espera!" grita uno de los operadores. Hay varias miradas cómplices entre los trabajadores, e incluso Sarah tiene una extraña expresión en su cara.

"¿Qué está sucediendo acá?" pregunta Samuel con sospechas. Aún no ha soltado el teléfono.

"Yo fui quien firmó por usted," dice el operador de mayor jerarquía.

"¿Qué?"

"Sí, señor. Fui yo. Venga con nosotros y entenderá por qué."

Samuel trata de relajarse y sigue al operador y **su gente.** Lo llevan hasta una puerta, muy parecida a cualquier otra del almacén.

"¿Todo lo que llegó está acá adentro?"

"Sí, señor."

Samuel se apura a abrir la puerta y acabar con este misterio, pero cuando la abre sus ojos se ponen húmedos.

"Es para usted," dice Sarah. "Como agradecimiento por ser el mejor jefe que hemos tenido."

El cuarto de conserjes había sido transformado en una hermosa oficina con un escritorio de caoba y una alfombra hermosa. Hay una lámpara anticuada y hermosa en la mesa, y su nombre se encuentra grabado en una placa de mármol.

"¿Quién pagó todo esto?"

"Nosotros, señor," responde Sarah. "Las facturas están en la mesa. No sabíamos cómo traer las cosas sin que usted se diera cuenta. Yo sólo le seguí la corriente pero sabía lo que ocurría. Hace **doce meses — un año, pues —** que se nos ocurrió esto."

En efecto, es cierto. Las facturas tienen cada una lista con los objetos que puede ver a su alrededor. Samuel **se toma un momento** para superar la emoción y voltea para mirar a sus empleados.

"Ustedes también son los mejores," dice, arrepintiéndose de lo severo que había sido. "Gracias a todos."

Cuenta la leyenda que ese día el departamento de Recursos Humanos recibió un **gran número** de recomendaciones. El gerente del área en particular no quiso comentar al respecto...

Resumen de la historia

Samuel, el gerente de almacén de una gran empresa, está bajo mucho estrés y preocupación por el extravío de cinco pedidos. Una empleada llamada Sarah le entrega unos documentos que confirman que llegaron al almacén, y luego ofrece ideas para que encuentren la ubicación de facturas físicas que pueden corroborar su ubicación. Caminan hasta el área de administración, donde una señora elegante los guía hasta donde se ubican las cajas con las facturas. Allí, buscan durante tres horas hasta conseguirlas, y Samuel descubre que alguien ha falsificado su firma para recibir los pedidos. Cuando él y Sarah regresan para llamar a las autoridades, un operador de alto rango lo interrumpe: los pedidos se hicieron en secreto para remodelar un cuarto y hacerle una oficina a Samuel. Al final todo había sido una gran e inolvidable sorpresa como agradecimiento por su buen trato hacia ellos.

Summary of the story

Samuel, the warehouse manager of a large company, is under a lot of stress and worry after five orders go missing. An employee named Sarah hands him some documents which confirm that the orders did arrive at the warehouse, and then suggest some ideas so that they can find the physical receipts that will allow them to confirm their location. Heading straight towards the administration area, they meet an elegant lady who guides them towards the place where the receipts are kept in boxes. There, they spend three hours searching, but finally Samuel discovers that somebody has forged his signature to receive the orders. When he and Sarah return to their workplace to call the authorities, a high-ranking operator interrupts him: the orders were made in secret so that the employees could remodel a janitor room and turn it into a beautiful office for Samuel. In the end it had all been a wonderful, unforgettable surprise as a thank you for his good treatment towards them.

Vocabulary

Decima: Tenth

Tercer: Third

Cuatro: Four

Dos: Two

Una: One (f)

Cien: One hundred

Ciento y una: One hundred and one

Extraviado: Lost/Missing

Cinco: Five

Ninguno: None

Una serie: A series

Veintiocho de este mes: 28th of the current month

Primer: First

Muchos: Lots

Tantas: Many

Seis mil cuatrocientos cinco: Six thousand four hundred and five

Seis mil quinientos ocho: Six thousand five hundred and eight

Segundo: Second

Una de tantas: One of many (f)

Numerosos: Numerous

Unas: Some (f) (pl)

Primario: Primary

Algunos: Some (pl)

Tres: Three

En fila: In a row

Miles: Thousands

Varios: Several

Seis: Six

Una multitud: A multitude

Otro: Another

Cuantiosa: Substantial

Variados: Varied

Ocho: Eight

Cientos: Hundreds

Miles: Thousands

La mayoría: Most

Una pila: A pile

Manos a la obra: All hands on deck

Todas: All of them (f)

Pocos instants después: A few moments later

Nadie: Nobody

Su gente: Their people

Doce meses: Twelve months

Un año: A year

Se toma un momento: He/She takes a momento

Gran número: Great number

Questions about the story

1) **¿Cuántos pedidos se extraviaron?**

   a) Cinco

   b) Cuatro

   c) Dos

   d) Diez

2) **¿De qué fecha eran los archivos que Sarah le entregó a Samuel?**

   a) Del 01 del mes presente

   b) Del 18 del mes presente

   c) Del 28 del mes presente

   d) Del mismo día

3) **¿En qué área de la empresa hablaron con la señora elegante?**

   a) Recursos Humanos

   b) Almacén

   c) Administración Terciaria

   d) Administración Primaria

4) **¿Cuánto tiempo se llevaron Samuel y Sarah para conseguir las facturas?**

   a) Veinte minutos

   b) Tres minutos

   c) Tres horas

   d) Una hora

5) **¿Qué cuarto remodelaron los trabajadores para crear la oficina de Samuel?**

   a) Baño

   b) Cuarto de conserjes

   c) Cuarto de mantenimiento

   d) Sala abandonada

Answers

1) A
2) C
3) D
4) C
5) B

CHAPTER SIX

Adjectives

Como los viejos tiempos - Like the good old times

Era un día **soleado** y **cálido**. Mi cabello **liso** estaba amarrado en un moño, y mis ojos **pardos** se ocultaban detrás de lentes de sol.

Yo estaba sentada en la plaza, **aburrida** y sin nada que hacer. *¿Dónde están María y Jessica, hombre? ¿Acaso no saben que tengo rato esperando?* Habíamos quedado en reunirnos, un reencuentro muy **esperado** que no había podido realizarse por nuestros horarios sumamente **ocupados**. Rodrigo estaba trabajando en otra ciudad, así que aproveché el **mejor** momento.

De pronto giré la cabeza de forma **curiosa** y vi a dos mujeres — una era **alta, delgada** y de cabellera **negra** y **ondulada**. Su cara era **bella** como la de una modelo, y poseía **llamativos** ojos **azules**. La otra era de **menor** estatura, con **impactantes** curvas **femeninas** y una sonrisa **agradable** que llamaba la atención.

Apenas me vieron, levantaron sus manos al aire y corrieron hacia mí con alegría. Me levanté en seguida y olvidé todo el tiempo que me habían hecho esperar — finalmente estaba de vuelta con las dos **hermosas** mujeres que adoraba **demasiado**. Nuestro abrazo fue **amoroso**, un **verdadero** gesto de cariño y amistad.

"¡Estás más **preciosa** que nunca, Cristina!" dijo María, sus ojos brillando bajo la luz del sol.

"¡Vaya que sí," agregó Jessica, "La vida te ha tratado genial, ¿no?"

Sonreí con pena y simplemente respondí con una **breve** risa. Eran cumplidos agradables y **simpáticos,** típicos de mis amigas tan **dulces.**

"¿Nos vamos a tomar ese café entonces?" les pregunté con decisión, y ambas asintieron con emoción. Habían pasado **muchos** años desde nuestro **último** encuentro, y tendríamos mucho de que hablar.

Una vez ya en la cafetería más **linda** de la zona, nos dispusimos a realizar nuestro pedido y Jessica puso sus **delicadas** palmas sobre la mesa.

"A ver, nenas, ¡cuéntenme sobre sus vidas!"

María fue la primera en hablar, su cara mostrando alegría al poder contarles sobre sus experiencias. Siempre había sido la más **sociable** de todas.

"Pues yo he estado viajado por Europa para los **numerosos** eventos de fotografía para los cuales me han invitado. Tú sabes que Edward siempre me apoya y consigue solucionar los problemas, y bueno," agregó, con una mirada distraída al cielo, "Estamos pensando en establecernos. ¡Me mudo para esta ciudad en Diciembre, amigas!"

La **sorprendente** noticia nos asombró a Jessica y a mí más de lo que debería. María siempre había estado enamorada de Edward, pero tenían una relación inestable y con muchos altos y bajos. Imaginaba que ya los dos se habían separado, y de seguro Jessica también lo creyó. Esto de quedarse finalmente en un solo sitio sí que era una **enorme** sorpresa.

"¡Me encanta!" exclamé. Era una noticia muy esperada. "Ahora es tu turno, Jessica. Vamos, yo sé que tú eres la que más acontecimientos tiene que contarnos."

Jessica se sonrojó y metió una mano en el bolsillo de sus **apretados** jeans. Cuando lo sacó, tenía un objeto **brillante** en un dedo.

"¡Le di el sí a Pedro!" Su linda sonrisa volvió a aparecer, y estiré mi mano para acariciar la suya.

"Lo supe desde que te vi. Te ves **radiante,** en serio. Ahora sí, ¿estamos invitadas o no?"

Jessica soltó una carcajada y me guiñó el ojo.

"¡Claro que si, amigas!"

Llegó el mesero con nuestros pedidos. Jessica había pedido un **humeante** espresso y un croissant; María recibió su botella de agua **fría** y una galleta de soda; y yo miré mi **pequeño** pudín de chocolate con antojo.

"Falta alguien por hablar," María dijo con una ceja levantada.

"Mmm, mejor permítanme probar mi postre primero," les respondí, levantando la **diminuta** cuchara de plástico y tomando un pequeño pedazo del pudín. "¡Está **delicioso!**" exclamé con una sonrisa, antes de recordar que estaban esperando por mí. "Cierto, tengo mucho que contarles."

"Vamos," dijo María, "deja el suspenso."

"Pues tengo dos meses de embarazo," dije con una expresión **apenada.**

Las otras dos casi se cayeron de sus sillas, sus ojos expandiéndose hasta que ambas parecían un par de búhos **curiosos** y **asustados.**

"¡¿Qué?!" exclamó María.

"¿Es en serio?" preguntó Jessica.

"Pues sí. Ambos lo queríamos, pero igual fue una sorpresa cuando llegó. La verdad estoy super **emocionada.** Esto de comer chocolate ha sido una antojo fuerte por mi condición," dije, justificando mi elección en el pedido. "Pero estoy muy **alegre**, y Rodrigo también."

En ese momento, como si lo hubiese llamado con la mente y de forma **extraordinaria,** mi teléfono celular empezó a vibrar.

"¿Es Rodrigo?" preguntó Jessica, **incrédula.**

"Pues sí," dije con asombro, y acerqué el teléfono a mi oído. *"¿Aló?"*

"Voltea, princesa."

Por un momento, pensé que era una broma pesada. Hasta que vi la mirada cómplice de Jessica y María. *¿Qué sucede acá?* Me pregunté.

Cuando di la vuelta, por fin lo entendí todo con claridad. Hacia el otro lado de la calle habían dos hombres: Pedro y Edward. Nos miraban con **amplias** sonrisas, pero aun faltaba alguien por aparecer.

Ambos tomaron un paso a un lado y de repente vi un enorme globo **rojo** en forma de corazón y un ramo de flores. Mi corazón empezó a latir como nunca y me asombré, pero fue **mayor** la impresión cuando vi quién los llevaba.

¡Rodrigo!

El globo se giró con una **suave** brisa y leí lo que decía: *Para la mejor* ***futura*** *mamá del mundo, Cristina.*

Mis ojos se aguaron y mis amigas se acercaron con emoción en sus caras. *El reencuentro había sido una* ***gran*** *sorpresa para mí, ¡no podía creerlo!*

Jessica y María me abrazaron con ternura y sacaron regalos de un escondite debajo de la mesa; sus parejas cruzaron en ese momento la calle para felicitarme también. Finalmente, sentí a Rodrigo arroparme en sus brazos y darme un beso en la frente.

"Felicitaciones, mi corazón." Cargaba una sonrisa **orgullosa**, una que decía que me amaba como a nadie.

A pesar de mis lágrimas, sentía algo tan hermoso en mi interior; no era simplemente un día alegre para mí — era el día más **feliz** de todos.

Resumen de la historia

Cristina se encuentra esperando la llegada de sus dos amigas, Jessica y María, para que se reencuentren después de mucho tiempo sin verse. Rodrigo, el novio de Cristina, se encuentra trabajando fuera de la ciudad, y ella ha aprovechado el momento. Luego de llegar las amigas, comienzan a conversar sobre las novedades de sus vidas mientras comen o se toman un café; a todas les está yendo muy bien y hay muchas cosas que contar. De repente, Cristina les informa que está embarazada, pero recibe una llamada. Es Rodrigo. Aparece con una gran sorpresa para Cristina, junto a los novios de las chicas — las chicas también sabían. Es el día más hermoso para Cristina.

Summary of the story

Cristina sits in a plaza waiting for her friends, Jessica and Maria, to arrive so that they can have their long-awaited reunion. Rodrigo, Cristina's boyfriend, is working out of town, so she's made the most of it. After her friends arrive, they begin to chat about the news in their life while they either eat or drink coffee; all of them have many and great things to talk about. Suddenly, Cristina tells her friends that she's pregnant, but a call interrupts her. It's Rodrigo. He shows up with an amazing surprise for her, alongside her friends' boyfriends — Jessica and Maria were also in on it. It is the most beautiful day ever in Cristina's life.

Vocabulary

Note: (f) indicates feminine form, (pl) indicates plural.

Soleado: Sunny

Cálido: Warm

Liso: Straight (hair)

Pardos: Hazel

Aburrida: Bored (f)

Esperado: Awaited

Ocupados: Busy (pl)

Mejor: Best

Curiosa: Curious (f)

Alta: Tall (f)

Delgada: Thin (f)

Negra: Black (f)

Ondulada: Wavy (f)

Bella: Beautiful (f)

Llamativos: Eyecatching (pl)

Azules: Blue (pl)

Menor: Less

Impactantes: Striking (pl)

Femeninas: Feminine (pl)

Agradable: Pleasant

Hermosas: Beautiful (f, pl)

Demasiado: Excessive

Amoroso: Loving

Verdadero: True

Preciosa: Pretty (f)

Breve: Brief

Simpaticos: Friendly (pl)

Dulces: Sweet (pl)

Muchos: Many

Último: Last

Linda: Cute (f)

Delicadas: Delicate (f, pl)

Sociable: Friendly

Numerosos: Numerous

Sorprendente: Surprising

Enorme: Huge

Apretados: Tight

Brillante: Shiny

Radiante: Glowing

Humeante: Steaming

Fría: Cold (f)

Pequeño: Small

Diminuta: Tiny (f)

Delicioso: Delicious

Apenada: Ashamed (f)

Curiosos: Curious (pl)

Asustados: Afraid (pl)

Emocionada: Excited (f)

Alegre: Happy

Extraordinaria: Extraordinary (f)

Incrédula: Skeptical (f)

Amplias: Large (f, pl)

Rojo: Red

Mayor: More

Suave: Soft

Futura: Future (f)

Orgullosa: Proud (f)

Gran: Great

Feliz: Happy

Questions about the story

1) ¿Cómo se llamaba la protagonista?

a) María

b) Jessica

c) Cristina

d) No especifica

2) ¿Quién es Pedro?

a) Novio de María

b) Prometido de Jessica

c) Esposo de Cristina

d) El mesero

3) ¿A qué se dedica María?

a) Modelo

b) Arquitecta

c) Bloguera

d) Fotógrafa

4) ¿Qué NO trajo Rodrigo para sorprender a la protagonista?

a) Globo rojo

b) Los novios de las amigas

c) Ramo de flores

d) Caja de bombones

5) ¿Qué fue lo primero que sintieron Jessica y Cristina con la noticia de María?

a) Sorpresa

b) Decepción

c) Alegría

d) Ternura

Answers

1) C
2) B
3) D
4) D
5) A

CHAPTER SEVEN

Verbs (Infinitive)

El primer amor – The first love

Solía **salir** a **correr** en las tardes. No sentía que era una obligación pero lo hacía **sentir** feliz, **despejar** sus pensamientos, **aclarar** sus ideas. Paulo era un joven callado y sereno. Siempre quería **ayudar** a quien lo necesitara.

Disfrutaba **pensar** en lugares que no conocía, mientras se duchaba. Ya había viajado a muchos lugares, pero anhelaba **explorar** todo el mundo.

Su madre era una mujer sobreprotectora. Cuando Paulo era pequeño, siempre solía **advertir**, con su voz ronca e imponente, a él y a sus primos: "Cuidado con esto. Cuidado con aquello. Y si llegan a ensuciarse van a **estar en serios aprietos**" Sentían que no les dejaba **hacer** nada.

Paulo fue creciendo con miedos y dudas. Muchas cosas que podían **ser** normales para los demás, le resultaban extrañas, confusas.

Un día caluroso de verano, comenzó a **recordar** cuando todavía era un niño, y deseaba con muchas ansias **ir** a un circo que se había instalado en la ciudad por unas pocas semanas.

Ese día pensó que hasta el sol se iba a **derretir**. –Ese pensamiento lo hizo sonreír.- Y cuando estaba intentando **convencer** a su madre de que lo llevara, vio a través de la ventana al ángel más hermoso que podía **haber** imaginado.

Era una niña de cabello rizado, pelirroja, de hermosa piel pálida con pecas y una sonrisa angelical con perfectos dientes blancos. Por un momento dudó si lo había imaginado o era real.

Salió corriendo hacia la ventana hasta casi **tropezar** con una silla del comedor y **caer de bruces** sobre el sofá de la sala. Trató de **fingir** que había visto un insecto en la ventana e intentaba matarlo, pero no logró **engañar** a su madre.

Su madre **lo miró con recelo**, pero sólo quiso **preguntar**: "¿Estás bien? Parece que se te ha olvidado que debes **terminar** tu tarea." Paulo asintió, con pesar, pero no pudo **olvidar** la cara de esa hermosa aparición por el resto de la semana. –Debo **volver** a verla"- repetía para sí mismo –pero, ¿Cómo?-.

Después de varios días preguntándose quién era, si iba a alguna escuela cercana o dónde podía **estar** esa niña misteriosa, comenzó a preocuparse de no **poder** encontrarla. Le preguntó a sus vecinos, a sus compañeros de clases y a sus primos, pero parecía que nadie la había visto.

Todos los días iba a la escuela en el bus escolar. Siempre la misma rutina. Su madre lo despertaba muy temprano y, mientras él se iba a **bañar** y **vestir**, ella le preparaba una comida muy sana para **desayunar**. Luego, se aseguraba de que estuviera bien arreglado, perfumado y con su mochila lista con todo lo necesario. Finalmente, lo acompañaba a **esperar** el bus.

A pesar de ser temeroso, estaba aburrido de tanta sobreprotección. Iba pensando en eso, con melancolía, cuando la vio. Sus ojos se iluminaron y su corazón comenzó a **latir** con fuerza. ¡Era el ángel!

Sin pensarlo mucho, gritó -¡Alto!-, mientras se levantaba de su asiento, agitando las manos en el aire. El conductor **frenó en seco**, apenas pudiendo **controlar** el vehículo. -¿Qué pasa muchacho? ¿Por qué me acabas de **asustar** de esa manera?- Le preguntó, notablemente molesto.

Paulo se dio cuenta de lo imprudente que había sido y sus mejillas se comenzaron a **sonrojar**. Sólo alcanzó a **decir** "-lo siento señor Manuel. No volverá a **suceder**. Estoy muy avergonzado, por favor no le diga a mi madre".

Esto enterneció al conductor, quien le aseguró no **contar** nada, pero no pudo **evitar** preguntarle si había visto un fantasma, antes de echarse a **reír**.

Paulo le agradeció, en silencio, y volvió a sentarse.

Ya sabía dónde la podía **encontrar** y no cabía en sí mismo de la felicidad.

De pronto, sintió como un balde de agua helada. Su madre. Jamás lo dejaría ir al circo. Sí, ella estaba en el circo. No sabía si era hija de algún artista o por qué estaba allí, viajando de un lado a otro y sin quedarse en un sitio durante mucho tiempo. No importaba. Encontraría la forma de verla.

La mañana en la escuela transcurrió con normalidad. Paulo parecía ausente y la maestra tuvo que **llamar** su atención un par de veces.

Al llegar a su casa, saludó a su madre. Puso todo su esfuerzo en **actuar** como siempre; debía comportarse como de costumbre para que su madre no notara los planes que estaba armando en su cabeza.

Al **caer** la tarde, pidió permiso a su madre para **jugar** en el patio. Nada la hizo **sospechar** que su hijo escaparía para **perseguir** ese sueño de conocerla, que se había convertido en su obsesión.

Paulo salió al patio y, apenas vio que su madre comenzó a **cocinar**, se fue corriendo con toda la rapidez que su pequeño cuerpo le permitió. Por suerte, la enorme carpa del circo estaba a un par de cuadras de su casa.

Entró viendo hacia todos lados, buscando esa cabellera roja y ese rostro pálido. Le costó mucho más tiempo y esfuerzo de lo que esperaba y estaba aterrado de preguntarle a los adultos que pasaban de un lado a otro vistiendo, extraños atuendos de muchos colores y cargando enormes bultos con artefactos sonoros de diferentes tamaños y formas.

Demasiado ruido, demasiada gente; estaba comenzando a sofocarse. Sorpresivamente ella apareció entre la multitud.

Se repuso de un salto y fue directo hacia ella. Iba a **hablar** y de su boca no salió ni un sonido. Ella se conmovió y le tendió su mano.

-Me llamo Sofía. ¿Estás perdido? Te vi hace un rato, solo, buscando a alguien.- Susurró.

Paulo se armó de valor. —Te buscaba a ti. No quiero asustarte pero te vi hace días, pensé que eras un ángel y no he podido dejar de pensar en ti.-

Ella, sorprendida, sólo pudo **responder** -pareces un buen chico, pero yo soy nómada y me iré la próxima semana a otra ciudad. Además, mi padre es muy estricto y no puedo **tener** amigos fuera del circo.-

Al ver su cara de tristeza, no pudo más que **agradecer** los elogios y todo lo que hizo para verla. Le dio un beso en la mejilla y se despidió para siempre. —De verdad lo siento- repitió, antes de correr al llamado de su padre.

Cuando no pudo **aguantar** más sus lágrimas, vio a su madre, acercándose a toda prisa. Ella le dio un abrazo muy fuerte. —Sabía lo que estabas tramando, mi niño. No vuelvas a salir así. Este no es el fin del mundo, créeme. Entiendo por qué no me contaste nada, pero quiero que sepas que cuentas conmigo siempre, hijo mío. Te amo.- Y se lo llevó de la mano.

Muchos años después Paulo recordaba, con ternura, ese momento, y a esa niña quien fue su primera ilusión. Ella, sin saberlo, le cambió la vida pues, desde ese preciso momento, el decidió **vivir** sin miedos ni dudas.

Resumen de la historia

Habiéndose convertido ya en un hombre, Paulo recuerda un día inolvidable que marcó su infancia. Su madre era muy sobreprotectora y le prohibía demasiadas cosas. Un día, cuando era un niño aún, Paulo vio por lo ventana a una niña muy linda y quedó impactado. Decidió buscarla a pesar de lo estricta que era su madre. Varias semanas después, la vio de nuevo y se escapó para conocerla, pero ella le dijo que no podían ser amigos. Desde ese instante, él escogió vivir sin miedos ni dudas.

Summary of the story

When he was a grown man, Paulo began to remember an unforgettable day which left a big mark on his childhood. His mother was an overprotecting woman who used to forbid too much things to him. One day, when he was just a boy, Paulo was looking through the window and saw a beautiful girl who left him in shock. He decided to look for her, even when his mother was strict and told him not to. A couple of weeks later, he saw her again and ran away to meet her, but she said they couldn't be friends. Since that moment, he chose to live fearlessly and with no doubts.

Vocabulary

Salir: To go out

Correr: To run

Sentir: To feel

Despejar: To clear

Aclarar: To clarify/To explain

Ayudar: To help

Pensar: To think

Explorar: To explore

Advertir: To warn

Estar: To be

Hacer: To do

Ser: To be

Recordar: To remember

Ir: To go

Derretir: To melt

Convencer: To convince

Haber: Have

Tropezar: To stumble

Caer: To fall

Fingir: To pretend

Engañar: To deceive

Preguntar: To ask

Terminar: To end/To finish

Olvidar: To forget

Volver: To return/To come back/To go back

Poder: To be able/Can

Bañar: To take a bath/To take a shower

Vestir: To dress

Desayunar: To have breakfast

Esperar: To hope/To expect

Latir: To beat

Controlar: To control

Asustar: To scare

Sonrojar: To blush

Decir: To say

Suceder: To happen

Contar: To tell

Evitar: To avoid

Reír: To laugh

Encontrar: To find

Llamar: To attract

Actuar: To act

Jugar: To play

Sospechar: To suspect

Perseguir: To pursue

Cocinar: To cook

Hablar: To talk

Responder: To answer

Tener: To have

Agradecer: To thank/To be grateful

Aguantar: To hold

Vivir: To live

En serios aprietos: In serious troubles

Caer de bruces: Fall flat on his

face

Lo miró con recelo: Looked at him with suspicion

Frenó en seco: To slam on the brakes

Echarse a reír: Begin to laugh

No cabía en sí mismo: He was filled with pride

Questions about the story

1) ¿En qué momento Paulo pensaba en lugares desconocidos?

a) Mientras se duchaba

b) Al despertar

c) De noche

d) Saliendo a correr

2) ¿A qué lugar deseaba ir Paulo cuando era niño?

a) Cine

b) Parque

c) Playa

d) Circo

3) ¿Qué creyó ver Paulo cuando vio a la niña?

a) Una muñeca

b) Un ángel

c) Una señora

d) Un fantasma

4) ¿A quién vio Paulo cuando estaba a punto de llorar?

a) Su mamá

b) El señor Manuel

c) Un trapecista del circo

d) Su mejor amigo

5) ¿Cómo recordaba Paulo a la niña, muchos años después?

a) Con rencor

b) No la recordaba

c) Con ternura

d) Obsesivamente

Answers

1) A
2) D
3) B
4) A
5) C

CHAPTER EIGHT

Adverbs

Que gane el mejor chef – May the best chef win

Era una enorme ciudad, llena de atractivos turísticos, hoteles y restaurantes lujosos, actividad comercial **muy** variada y recreación de todo tipo. En el centro de la ciudad, había un festival gastronómico de **bastante** importancia. Se celebraba **anualmente**, pero en un lugar diferente cada año.

En esta ocasión, había **muchos** invitados famosos, tanto artistas como deportistas y personajes públicos de gran notoriedad.

Tanto alboroto se debía al desafío que estaba por comenzar, **puesto que sería** la primera vez que los chefs participantes estarían compitiendo por ganarse un puesto en la nueva sucursal del **mejor** restaurante de la ciudad.

Richard Suárez era un chef, **recién** graduado, de un instituto nuevo. Se destacaba por su talento en la cocina. Era brillante, ordenado, limpio; sus platos eran exquisitos, con una presentación impecable y, además, tenía una extraordinaria capacidad para crear nuevas combinaciones de sabores. Todos a su **alrededor** se contagiaban de su buen humor, pues era generoso y alegre. Lo adoraban.

Quizás, era muy pronto para participar en algo tan grande. La mayoría de quienes se enfrentarían, estaban trabajando en las cocinas de restaurantes famosos desde hacía varios años. **Sin embargo**, Richard prefería **no** pensar en eso, no quería sentirse intimidado por el reto que estaba a punto de enfrentar.

Los preparativos para tan magno evento, comenzaban con varios meses de anticipación. Sus organizadores y patrocinantes prometían una experiencia única y nadie quería quedarse por fuera. **Muchas** personas viajaban desde **lejos** y las entradas se agotaban con **mucha** rapidez.

Participaban chefs de todos los rincones del país, **incluso** algunos internacionales. Entre estos, se encontraba Leonardo Novelino, reconocido por su ingrediente "estrella", que no faltaba en plato alguno; mientras, algunos de sus colegas discutían cuál era ese misterioso componente, sin llegar a una opinión unánime. **También** estaba Gabriela Gomes, quien decoraba todas sus creaciones con hermosas e inusuales formas florales, que desafiaban la imaginación de cualquiera. Y, no podía faltar, Gérard Gilly, con su aspecto desconfiado y actitud arrogante; **tristemente** célebre por robar sus recetas a jóvenes **más** talentosos que él, pero que no habían **gozado de sus influencias.** Aunque nada había sido comprobado, era un **secreto a voces.**

Al llegar la noche, la expectativa iba en aumento. A las siete en punto comenzaría la, tan anhelada, competencia y cada uno de los asistentes estaba buscando su asiento o tomando su lugar. Ya **casi** eran las seis. Los organizadores del evento se habían reservado ciertas sorpresas para el final del concurso. Por **ahora**, sólo sabían que debían crear tres platos, incluyendo el postre, que representaran lo extravagante del nuevo restaurante. Cada chef debía trabajar, **únicamente**, con los ingredientes y utensilios que estaban **debajo** de su mesa. Cada chef contaría con un ayudante, que podía ser cambiado por el jurado, en cada ronda. El jurado constaba de cuatro reconocidos chefs. Los demás detalles eran confusos, pero de algo sí estábamos seguros, no sería nada fácil.

Ya íbamos a comenzar pero, justo antes de que iniciara el reloj, uno de los competidores **se puso muy mal**. Habíamos notado que no tenía buen semblante, pero él dijo que continuaría y, mientras más pasaba el tiempo, se ponía **peor**.

Le prestaron atención médica **inmediatamente** pero, a pesar de que se encontraba mucho mejor, tuvo que renunciar a la competencia y fue el primero en ser descalificado. Todo ocurrió en cuestión de minutos.

Después de una rápida resolución, organizaron un poco **aquí** y **allá**, para evitar más contratiempos. Pronto, estaba todo listo y, sin más tiempo que perder, sonó la campanada de inicio.

De inmediato, cada chef comenzó a sacar cosas **frenéticamente** de debajo de su mesa y a colocarlas **arriba**.

Se escuchaban ollas con líquidos hirviendo, sartenes sellando y friendo, batidores y licuadoras encendidos, cuchillos por todos lados. Era un caos por todo el lugar. Iban eliminando un participante tras otro, por cometer errores en los procedimientos o paralizarse ante la presión.

De pronto, se encontraban en la última ronda y quedaban sólo Richard y Gérard, pero Richard sentía que, de alguna manera, Gérard tenía responsabilidad en algunas eliminaciones.

Súbitamente, Richard sintió un escalofrío recorriendo su cuerpo, de pies a cabeza. Tuvo la sensación de que Gilly estaba **detrás** de él, queriendo intimidarlo. -¿Estás asustado, novato?-, preguntó en voz baja. A lo que el recién graduado respondió —**ayer** lo estaba, **sí**, pero observando a mi rival, ya no lo estoy. **Hoy** no-. **Al voltear**, se dio cuenta de que seguía en su mesa y, aunque sólo se había acercado un poco, no había roto las reglas.

Faltaba **poco** para que se acabara el tiempo pautado. Restaban

menos de cinco minutos. La tensión en el ambiente era casi insoportable.

Gilly volvió a su lugar, **notablemente** molesto. Estuvo bastante **cerca**, pero no pudo ver nada que pudiera ayudarle a eliminar al joven. **Tampoco** pudo acercarse más porque corría el riesgo de ser descalificado.

Sonó el último timbre. Indicando que se acabó el tiempo. **Así**, después de probar sus platos y deliberar, los jurados pidieron a Richard que saliera un momento.

Luego, entró Richard. Gilly no estaba, como él suponía. Para su sorpresa, los dos *"ayudantes"* que estuvieron con él y con Gilly eran los gerentes del restaurante. Sólo estaban observando, de cerca, el trabajo de cada chef. Sin dejarlo hablar, comenzaron a hacerle preguntas.

"¿Dónde estudiaste?" preguntó el "ayudante" más cercano.

"En el Instituto de Artes Culinarias," dijo, resuelto.

"¿Tienes alguna experiencia trabajando en restaurantes o lugares parecidos?" Siguió interrogando, el otro joven.

"Trabajé durante cuatro años, cuando era adolescente, ayudando a mis abuelos con un pequeño negocio de comida casera," respondió, con determinación.

"¿Siempre trabajas con calma, cuando estás bajo presión?"

"Trato de hacerlo, señor. Manteniéndome enfocado en lo que estoy haciendo." Mientras respondía, pensaba "ojalá no noten mi nerviosismo, estoy temblando."

"¿Cómo te la llevabas con tus compañeros del instituto?" Siguieron las preguntas.

"Muy bien. Disfruto trabajar en equipo y nunca tuve problemas con nadie."

"¿**Cuándo** comenzó a gustarte la cocina?" Continuaron.

"Cuando era un niño y veía a mis abuelos, cocinaban enormes cantidades de comida, esforzándose en realizar a la perfección platos deliciosos y hermosos, sólo para reunir a la familia y ser felices con sus expresiones de placer al probarlos."

Se miraron las caras.

"¡Bienvenido a bordo!" dijeron ambos, con amplias sonrisas.

"Estamos seguros de que serás una excelente adición a nuestro equipo. ¡Felicitaciones!"

Richard no quiso preguntar por el chef Gilly, **probablemente** no le responderían. Imaginó que notaron su deshonestidad y lo conflictivo que podía ser en su trabajo, además de conocer su "fama".

Sólo pudo responder "gracias, de verdad," con la **voz quebrada** por la emoción, y se dedicó a disfrutar ese triunfo, con el que soñaba y por el que había luchado tanto, desde hacía mucho tiempo.

Resumen de la historia

Una vez al año, en una gran ciudad, se celebra un enorme festival gastronómico. Este año, el gran premio es el puesto de chef ejecutivo en un nuevo restaurante. Vienen competidores de todos lados del mundo a participar, pero entre ellos se destaca un chef recién graduado, Richard Suárez, quien compite feroz pero limpiamente para ganarse ese puesto y cumplir su sueño más anhelado. La competencia no es fácil, y éste tiene que tomar decisiones difíciles bajo mucha presión. Finalmente, gana el mejor chef.

Summary of the story

Once a year, in a big city, a huge gastronomic festival takes place. This year, the big prize is the spot of executive chef on a new restaurant. There are competitors coming from everywhere around the globe to participate, but among them a recently graduated chef stands out, Richard Suárez, who is fiercely and fairly competing to earn that spot and achieve his most desired wish. The competition was not easy, and he made difficult decisions under a lot of pressure. Finally, the best chef won.

Vocabulary

Muy: Very

Bastante: A lot

Anualmente: Once a year

Muchos: Many

Mejor: Best

Recién: Recently

Alrededor: Around

Quizás: Perhaps

Sin embargo: Nevertheless

No: No

Muchas: Many

Lejos: Far

Mucha: Many

Incluso: Including

También: Also

Tristemente: Sadly

Más: More

Casi: Almost

Ahora: Now

Únicamente: Only

Debajo: Under

Mal: Bad

Peor: Worse

Inmediatamente: Immediately

Aquí: Here

Allá: There

Frenéticamente: Franticly

Arriba: Over

Súbitamente: Suddenly

Detrás: Behind

Ayer: Yesterday

Sí: Yes

Hoy: Today

Poco: Little

Menos: Less

Notablemente: Significantly/Notably

Cerca: Close/Near

Tampoco: Neither

Así: So/Thus

Luego: Then

Dónde: Where

Ojalá: Hopefully

Cómo: How

Bien: Good

Cuándo: When

Probablemente: Probably

Puesto que sería: Because it would be

Gozado de sus influencias: Take advantage of his influences

Secreto a voces: Open secret

Se puso muy mal: Got very sick/bad

Al voltear: When he turned his head

¿Cómo te la llevabas con…?:
How did you deal with…?

Voz quebrada: Broken voice

Questions about the story

1) ¿Cada cuánto tiempo se celebra el festival gastronómico?

   a) Dos semanas

   b) Cinco días

   c) Tres meses

   d) Un año

2) ¿Cuál era el premio a quien ganara la competencia?

   a) Ser chef ejecutivo

   b) Crucero por el Caribe

   c) Un millón de dólares

   d) Un automóvil nuevo

3) ¿Qué debían representar los platos que preparara cada chef?

   a) Las estaciones del año

   b) La extravagancia del nuevo restaurant

   c) Las culturas de diferentes países

   d) Las diferentes etapas en la vida del dueño del restaurant

4) ¿Quiénes eran los ayudantes de los últimos dos finalistas?

   a) Dos actores de cine famosos

   b) Los gerentes del nuevo restaurant

   c) Deportistas de alta competencia

   d) Dos chefs del jurado

5) ¿Qué motivó a Richard a querer ser chef?

   a) La fama y fortuna

   b) Competir con otros chefs

   c) Las comidas familiares de sus abuelos

   d) Lo obligaron sus padres

Answers

1) D
2) A
3) B
4) B
5) C

CHAPTER NINE

Directions

Perdidos en la ciudad – Lost in the city

"Ok," le dije a Manuel, levantando las manos y aceptando la derrota. "Ya lo confirmé: estamos perdidos."

Habíamos **llegado a** Londres hace dos días para unas vacaciones de verano, pero no pensamos que iba a ser tan difícil dirigirnos por la ciudad sin ayuda.

"Ya era hora, Pepe," respondió Manuel con impaciencia. El tenía más de una hora insistiendo que yo no sabía **dónde íbamos**. Finalmente, yo había aceptado la realidad. No tenía la más mínima idea **en qué parte estábamos**.

"Está bien, ya, ayúdame a salir de aquí. A ver, ese señor de allá debe tener alguna idea." Por suerte, estábamos en un sector hispano de la ciudad, o el problema sería peor. "¿Señor? Buenas tardes, ¿puede ayudarnos a salir de acá? Queremos desplazarnos al lado **este** de la ciudad."

El señor volteó. Era un hombre mayor, con cabello gris y gafas.

"Buenas tardes amigo. Bueno, la mejor manera es comenzar esperando el autobús en esta parada. Este **los llevará hasta** la estación de metro. Ahí, deberán descender y buscar la Central Line, la cual podrán **tomar** hasta hacer conexión con Hammersmith and City, y finalmente conectar con la línea de East London. Si **pasan** tres estaciones, ya llegaron."

Lo miramos como si hubiese hablado algún otro idioma.

"¿Qué?"

El señor se dio la espalda y se fue. Decidimos dejarlo en paz.

"Creo que acá debemos **seguir adelante**," pensé en voz alta, mirando el mapa que tenía en mis manos. "Si **cruzamos la avenida** y luego caminamos **dos calles más** y luego **cruzamos a la derecha** quizás hallemos una estación más cercana."

"**Después del segundo semáforo** creo que veo una **señal de tránsito** que habla de una estación de metro."

"Vayamos a ver, entonces," contesté. Comenzamos a caminar, cruzando la avenida en seguida. Habíamos **atravesado** media ciudad en búsqueda de una forma de llegar al este de Londres. "**Sigue adelante**," dije cuando vi que Manuel iba a cruzar en una calle equivocada.

"Es un **atajo**," me respondió. Cruzamos y comenzamos a caminar. "Me dijeron que **del otro lado de** una famosa panadería llamada *London Bakery*, hay una estación de metro. Queda **cerca**."

"Mmm London Bakery," pensé. "Queda **entre** una tienda de ropa y un banco?"

"Si, precisamente ahí. **Al lado de** una feria de comida.

Todos los recuerdos estaban regresando. Habíamos visto eso en Google Maps antes de llegar, pero casi todo se había escondido en alguna parte de nuestra memoria.

"De acuerdo." Caminamos por el supuesto atajo y nos encontramos de repente en una calle sola.

"Si vamos **a través de** esa entrada, salimos en la avenida principal nuevamente," dijo Manuel, apuntando a una casa.

"¿Esa? ¿**Pasando esa** barbería cerrada?"

"Exacto."

Le seguí los pasos y en efecto, salimos en una **esquina** de la avenida. No estaba tan alejado de la realidad. Había un paso elevado conectando este lado de la avenida con la otra.

"Hay que **subir las escaleras**," le dije a Manuel. "O caminamos un poco más y cruzamos en el **paso de cebra.**"

"Mejor subimos estas escaleras y luego **bajamos hacia el otro lado**, es más rápido."

Comenzamos a subir, e inmediatamente pudimos mirar la ciudad de un mejor punto de vista.

"Me encanta," le dije, deteniéndome, "mira allá, ¿ese no es el Big Ben?"

"¿Dónde?"

"**Más allá** de esos edificios. Apenas se puede apreciar. **Detrás del** edificio plateado."

"¡Ya, ya! Ahora si lo logro ver," respondió Manuel con emoción. "Deberíamos **ir para allá** primero, ¿no crees?"

No sabía qué decirle. Siempre había querido visitar el Big Ben, pero se nos hacía tarde y debíamos llegar al hotel. Lo pensé un momento, pero finalmente cedí.

El Big Ben **estaba a una distancia prudente**; llegamos caminando al sitio. Pasamos muchas calles para poder llegar, pero fue **directo y hacia adelante** en casi todo momento. El monumento era imponente, más aún que en las miles de fotos y videos que había visto. Manuel sacó su cámara y se colocó justo **en frente de** él.

"Posa, voy a tomarte una foto. Luego me tomas una a mí."

Seguí sus instrucciones y me paré en frente de la torre. Escuché el *click* de su cámara, y luego me tocó tomarle una foto a él.

"Ya, ¿nos vamos de nuevo a buscar la estación?"

Fruncí el ceño y me puse a pensar. *¿Valía la pena?*

"Ya basta, ¡a **agarrar taxi**!"

Esperamos un taxi **unas cuadras más abajo** del ícono de la ciudad, asegurándonos de no parecer tan turistas como lo éramos. El primer vehículo pasó a los treinta segundos.

"¡Taxi!" grité.

Al entrar en el taxi, el hombre nos miró por su espejo retrovisor y preguntó en inglés hacia dónde íbamos. Por un momento, no sabía ni qué decirle. Manuel me miró y soltó un suspiro.

"King Hotel, East London."

Cuando el taxista arrancó el vehículo y emprendimos nuestro viaje hacia el hotel, por fin pude relajarme. Ya había pasado todo y no estábamos perdidos. Al parecer, siempre había forma de solucionar los problemas.

Aunque uno tuviera primero que pasar trabajo para conseguirlo.

Resumen de la historia

Dos viajeros llamados Manuel y Pepe viajan a Londres, donde se pierden durante su búsqueda de una ruta que los lleve al este de la ciudad. Tras preguntarle a un señor, el cual no pudo ayudarlos, los chicos comienzan a buscar por su propia cuenta. Cuando observan el Big Ben a poca distancia, deciden acercarse a conocerlo. Se toman fotos y disfrutan del paseo un rato, finalmente escogiendo irse en un taxi que los lleve directamente al hotel y ahorrarse más problemas.

Summary of the story

Two travelers named Manuel and Pepe make their journey to London, where they end up getting lost during their attempts to get back to their hotel in the eastern part of the city. After failing to get any help from a stranger, the two men begin to search for a way on their own. When they spot the Big Ben nearby, they decide to take the opportunity to see it from close up. Having taking pictures and enjoyed the walk, the travelers ask a taxi to take them home and save themselves from further grief.

Vocabulary

Llegado a: Arrived at

Donde íbamos: Where we were going

En qué parte estamos: Where we were

Este: East/Eastern

Los llevará hasta: Will take you to

Tomar: Take

Pasan: Pass by

Seguir adelante: Keep going straight

Cruzamos la avenida: Cross the avenue/road

Dos calles más: Two streets down

Cruzamos a la derecha: Turn right

Después del segundo semáforo: After the second traffic lights

Señal de tránsito: Traffic sign

Atravesado: Traveled through

Sigue adelante: Keep going

Atajo: Shortcut

Del otro lado de: Across from

Cerca: Near

Entre: Between

Al lado de: Beside

A través de: Through

Pasando esa: Passing the

Esquina: Corner

Subir las escaleras: Climb the stairs

Pase de cebra: Zebra crossing

Bajamos hacia el otro lado: Go down the stairs on the other side

Más allá: Further ahead

Detrás del: Behind the

Ir para allá: Go there

Estaba a una distancia prudente: It was a safe distance away

Directo y hacia adelante: Straightforward/Straight ahead

En frente de: In front of

Agarrar taxi: Call a cab

Unas cuadras más abajo: A few blocks down

Questions about the story

1) **¿Cómo era la persona a la cual los viajeros le pidieron direcciones?**

   a) Una mujer mayor

   b) Un niño

   c) Un joven

   d) Un señor mayor

2) **¿Con cuál línea se hacía conexión hacia el este de Londres?**

   a) Bakerloo

   b) Hammersmith & City

   c) Jubilee

   d) Victoria

3) **¿Cuál monumento famoso conocieron los viajeros en su estadía allá?**

   a) Londres

   b) Big Ben

   c) Torre Eiffel

   d) Columna de Nelson

4) **¿Cómo se llamaba el hotel donde se estaban quedando Pepe y Manuel?**

   a) King's Hotel

   b) Royal Hotel

   c) Circle Hotel

   d) Habbo Hotel

5) **¿En qué parte de Londres se ubicaba?**

   a) Norte

   b) Este

   c) Oeste

   d) Sur

Answers

1) D
2) B
3) B
4) A
5) B

CHAPTER TEN

Formal and Informal Conversations

Consiguiendo el trabajo — Landing the job

El joven miró el reloj por séptima vez y acomodó el cuello de su camisa nerviosamente. Había llegado temprano para poder impresionar a los gerentes de la empresa de ingeniería, pero parecía ser el único candidato que estaba postulándose al cargo disponible. No había nadie en la sala de espera aparte de Juan Carlos y la secretaria que hace rato estaba distraída con el trabajo en su **ordenador.**

"**Disculpe,**" dijo Juan Carlos con una sonrisa, "¿se acerca la hora de la entrevista?"

Hace un buen rato que debía haber entrado a la entrevista, pero no pasaba nada y eso sólo empeoraba sus nervios más y más.

"Sí, **señor,**" contestó amablemente la joven. "Uno de los entrevistadores ya está esperándolo, pero el otro no ha llegado." Pausó antes de continuar. "¿No **le** importaría realizar la entrevista a los dos por separado?"

Juan Carlos suspiró y asintió con la cabeza. Era más trabajo, pero así no habían dos personas mirándolo fijamente sino una a la vez.

"Sí, de acuerdo."

"Perfecto entonces," respondió la chica. "**Pase adelante.**"

Juan Carlos se paró, acomodó una última vez su camisa y pantalón y se dirigió hacia la oficina al final del pasillo. Era la más grande, la que todo empleado deseaba poseer. Aun así, mientras caminaba frente a las otras, miró lo hermosas que eran y decidió que éste sería su sitio de trabajo. *Pase lo que pase hoy, voy a trabajar en esta empresa.*

Finalmente se detuvo frente a la puerta del gerente y tocó.

"¡Está abierta, pase!" gritaron, y Juan Carlos entró a la oficina.

Era hermosa, con enormes ventanas que le permitían observar toda la ciudad de Buenos Aires en su esplendor. Había una alfombra suave y delicada de color negro en el medio del gran piso blanco de mármol, y cerca de la pared al final un escritorio de la más elegante caoba.

"¿Usted es el señor Juan Carlos Pérez?" preguntó una voz masculina, y Juan Carlos miró detrás del escritorio para observar un señor elegante vestido con traje. Tenía lentes caros y un bolígrafo entre sus dedos.

"Sí, señor. **Un placer conocerlo.**"

"Mi nombre es Carlos González, y soy el presidente de esta empresa. **Siéntese,** y comencemos esta entrevista." Esperó mientras Juan Carlos tomaba asiento antes de empezar a hablar. "¿Usted sabe de qué trata FindCorp?"

Juan Carlos sonrió.

"Por supuesto," respondió. "Es una enorme empresa de búsqueda y reclutamiento de talentos. Se encargan de encontrar los mejores trabajadores jóvenes y no tan jóvenes para las empresas del continente."

"Está equivocado, **mi estimado,**" respondió González. Por un momento, Juan Carlos comenzó a ponerse nervioso, pero el presidente de la empresa levantó una palma. "**Descuide, joven,** si somos eso que dijiste. Pero más que eso, somos una gran familia unida. **Note** que **lo he dejado entrar a hablar** directamente conmigo y no con empleado de recursos humanos. ¿Por qué? Porque acá creemos en la confianza, Juan Carlos."

El joven sonrió. Carlos González tenía razón.

"Eso es cierto. Quiero formar parte de esta familia, también."

"**¿Puedo hacerle una pregunta?**" interrogó González. Juan Carlos sonrió.

"Claro, por supuesto."

"Más allá de su experiencia en este campo, la cual vi que tiene bastante según su currículo; ¿usted se considera una persona familiar?"

Era una pregunta extraña, pero Juan Carlos sabía que tenía que responderla.

"Pues sí, la verdad. Me llevo muy bien con ella. Especialmente mis padres y hermanos."

"¿En qué lugar diría que **aprendió** más de la vida?"

"En mi casa durante mi niñez, **señor González.**"

"Excelente." El presidente de la empresa tomó una nota y volvió a revisar el currículo que se encontraba en su escritorio. Pasó un largo silencio mientras leía. Finalmente pareció tomar una decisión.

"Creo que con esto es todo. Ya puedes pasar a la oficina a la izquierda de esta, es la del vice-presidente."

"**¡Gracias por todo, señor Carlos! ¡No le fallaré!**"

"Eso espero," respondió el presidente.

Juan Carlos salió de la oficina y en seguida tocó la siguiente puerta.

"**Vamos,** pase adelante." La informalidad con la que habló el nombre adentro de la oficina le sorprendió, pero entró.

"¡No puede ser!" exclamó Juan Carlos al mirar quién lo esperaba dentro de la oficina. Era su amigo de la infancia, Claudio.

"¡Hola, Juanca!" gritó Claudio.

"¡Claudio, **mi hermano**!"

Se abrazaron fuertemente, antes de que Claudio se sentara y le pidiera a Juan Carlos hacer lo mismo.

"**¿Qué tal tu vida, loco?**" le preguntó el vice-presidente, y Juan Carlos aun no podía superar el hecho de que era su mejor amigo de la niñez.

"**Genial, amigo,**" respondió Juan Carlos. "No imaginaba que eras vice-presidente de FindCorp, **¡qué locura!**"

"Pues sí, lo soy. **¿Qué te trajo aquí?**"

"Pues es una empresa muy interesante y me gusta su enfoque. Además he recibido muchas recomendaciones, **pibe,**" le dijo con una sonrisa. *"Pibe"* era un apodo que usaban entre ellos. "En serio quiero trabajar aquí con esta familia de FindCorp, sería un sueño hecho realidad."

Claudio levantó una ceja.

"Sólo quieres la tremenda paga que vas a recibir, ¡di la verdad!"

"Bueno," aceptó Juan Carlos entre risas, "eso también."

"La verdad, **mi compañero,** sé que no hay nadie mejor y más trabajador que tú para este puesto. Tienes un corazón de oro y eres **tremendo profesional.** ¡Estás **contratadísimo!**"

La sonrisa que se abrió en la cara de Juan Carlos se estiró de oreja a oreja. Estaba emocionado como nunca.

"¡Gracias! De verdad haré mi mejor esfuerzo para esta empresa, ¡gracias!" dijo de nuevo, **sujetando la mano de su mejor amigo.**

"Ahora, vamos a la cafetería, **compadre,** acá tenemos unos postres que te matarán de lo buenos que son."

Y así fue como Juan Carlos comenzó el trabajo de sus sueños, aprendiendo que de verdad no había nada como la familia.

Resumen de la historia

El joven Juan Carlos espera con muchos nervios para entrar a una entrevista con dos importantes figuras de la empresa FindCorp en un edificio en el centro de Buenos Aires. En su impaciencia, le pregunta a la secretaria si ya va a entrar, y ésta le dice que tendrá que dar dos entrevistas por la llegada tarde del segundo entrevistador. El aspirante acepta y camina hasta la primera oficina, donde el presidente, Carlos González, le ofrece sentarse y le hace una serie de preguntas. Lo que quiere hacer claro es que FindCorp no es sólo una empresa, es una familia. Después de evaluar positivamente a Juan Carlos, le dice que vaya a la oficina de al lado. Ahí, Juan Carlos se topa con el vice-presidente: su mejor amigo de la infancia, Claudio. No dura mucho para que éste lo contrate. Al final Juan Carlos aprende que de verdad no hay nada como la familia.

Summary of the story

A young man named Juan Carlos is nervously awaiting an interview with two important figures of the FindCorp Company within their building in downtown Buenos Aires. In his impatience, he asks the secretary if he's close to being accepted inside, and she offers him to participate in two interviews due to the second interviewer being late. The job aspirant accepts and walks toward the first office, where the president of the company, Carlos Gonzalez, asks Juan Carlos to take a seat before asking him some questions. He wishes to make it clear that FindCorp isn't just a company, it's a family. After positively evaluating Juan Carlos, he indicates that the young man should go to the office adjacent to his. There, Juan Carlos comes across a familiar sight: vice-president and childhood friend, Claudio. It doesn't take long for him to hire Juan. Finally, Juan Carlos learns that there truly is nothing like family.

Vocabulary

Ordenador: Computer
Disculpe: Excuse me
Señor: Sir
Pase adelante: Come in
Está abierta, pase: It's open, come in
Usted: You (formal)
Un placer conocerlo: Pleased to meet you (formal)
Siéntese: Sit down (formal)
Por supuesto: Of course
Mi estimado: My esteemed fellow
Note: Note (verb)
Lo he dejado entrar a hablar: I have allowed you to enter (formal)
Puedo hacerle una pregunta: May I ask you a question? (formal)
Aprendió: You learned (formal)
Señor González: Mr. Gonzalez
Gracias por todo, señor Carlos: Thanks for everything, Mr. Carlos
No le fallaré: I won't fail you (formal)
Vamos: Let's go
Mi hermano: My brother
Qué tal tu vida, loco: How's life been, you crazy guy?
Genial, amigo: Great, pal
Que locura: How crazy!
Qué te trajo aquí: What brought you here?
Pibe: Guy/Friend (Argentine slang)
Mi compañero: My companion
Tremendo profesional: A true professional
Contratadísimo: Very hired
Sujetando la mano de su mejor amigo: Grabbing his best friend's hand
Compadre: Co-father/Lifelong friend

Questions about the story

1) ¿Cuántos candidatos habían esperando la entrevista?

   a) Siete

   b) Dos

   c) Uno

   d) No especifica

2) ¿De qué color era la alfombra en el piso del presidente?

   a) Blanca

   b) Negra

   c) Roja

   d) Marrón

3) ¿Cómo se llamaba la empresa?

   a) FindCorp

   b) Find C.A

   c) CorpFind

   d) TalentosCorp

4) ¿Qué era Claudio para Juan Carlos?

   a) Conocido

   b) Familia

   c) Jefe

   d) Amigo

5) ¿Qué había en la cafetería que Claudio quería enseñarle a Juan Carlos?

   a) Comida

   b) Bebidas

   c) Una chica

   d) Postres

Answers

1) C
2) B
3) A
4) D
5) D

CHAPTER ELEVEN

Times, Dates and Weather

El turista y el anciano – The Tourist and the Elder

Enrique miró su reloj. Todavía era de **madrugada.** Su viaje no era hasta las **siete y media** de la mañana, pero tenía que llegar a tiempo a la estación de tren.

Justo en ese momento, parecía algo que no iba a suceder. El tráfico debido a la **lluvia** torrencial que estaba cayendo era algo impresionante, y su taxista, un señor mayor, no parecía estar muy apurado.

"Señor," dijo Enrique con algo de prisa, "necesito estar en la estación en **una hora y quince minutos**, sino me va a dejar varado y no podré irme."

"¿Eh?" preguntó el taxista, distraído con algún evento fuera del vehículo. "Cierto, ya son las **seis y quince**. ¿Y hacia dónde te diriges después de llegar ahí, perdonando mi curiosidad?"

Su curiosidad si le pareció entrometida a Enrique, pero éste no dijo nada.

"Pues voy a visitar las montañas de los Alpes Suizos. Dicen que a esta época del año está **nevando** como no tienes idea. Me encanta la **nieve** y el **frío**. Ya me cansé de variar entre **sol** y lluvia acá en España," agregó Enrique. Era de Brasil y nunca había vivido un clima realmente frío como el de Europa. Estaba viajando desde hace **ocho meses** en un gran tour del Viejo Continente. "Pasaré **una semana** allá, hasta el **seis de junio**."

"Mmmm, interesante," contestó el taxista con una cara pensativa. "Me suena conocido su acento, señor. ¿Es de Brasil?"

"Pues sí."

"Yo viaje a Brasil **hace mucho tiempo.** Prácticamente hice lo mismo que está haciendo ahorita, sólo que fue un tour del Nuevo Continente, no el viejo." Tenía una sonrisa nostálgica en su cara.

Enrique miró el reloj. Las **seis y veinte.** El tráfico no se estaba moviendo — *mejor me calmo y escucho su historia,* pensó.

"Cuéntame sobre su viaje, a ver, señor."

La cara del taxista se alumbró cuando Enrique dijo esas palabras y se vio su ánimo de contar sobre su viaje.

"Llámame Juan Pablo," dijo con simpatía. "Comencé un **quince de Marzo,** mi cumpleaños, precisamente. Tomé un avión y un año de ahorros y me fui a Venezuela."

"¿Venezuela?" preguntó Enrique. Conocía ese país, un paraíso natural, y le sorprendía que hubiera sido la nación que escogió el taxista para su llegada al continente. "Por cierto, yo soy Enrique."

"Un placer, Enrique. Si, pasé **dos semanas** subiendo el Salto Ángel y la famosa montaña Auyantepui. La vista desde esos lugares era hermosa. No te imaginas." Juan Pablo sonrió de nuevo. "Era **cálido** pero sin ser **sofocante,** con una brisa **fresca** que te mantenía la temperatura regulada."

"Interesante, nunca llegué a ir," respondió Enrique. Sin darse cuenta, ya se habían movido un poco. Eran las **seis y media** ya.

"A continuación, visité Colombia. Cartagena es hermosa, se quedó con **tres semanas y tres días** de mi vida, y con mi corazón. Allá conocí una chica preciosa llamada Gloria. Pasamos una **tarde**

entera juntos, y luego esa noche hubo una **tormenta,** algo mucho más fuerte que esto que está sucediendo ahora," dijo, indicando la lluvia que caía afuera. "Tuvimos que quedarnos a dormir juntos." Sonrió pícaramente. "Luego pasé por Ecuador, sólo **medio día** estuve allá."

Aceleró de repente, y Enrique se dio cuenta que ya iban encaminados a la estación nuevamente. Iban a llegar con tiempo de sobra. *Ya no estoy seguro si quiero llegar antes de que termine su historia,* pensó con una sonrisa.

"¿Y luego? ¿Cuál fue su próximo destino?"

"Ah, ¿no estabas apresurado?" preguntó el chofer con picardía. "Ya la lluvia paró, parece que **las nubes** se están **despejando.**" Juan Pablo se dio cuenta que Enrique aun esperaba su respuesta, así que continuó. Eran las **seis y cuarenta.** "Conocí tu nación. Ahí estuve **un mes entero.** Pasaba desde **tempranas horas** de la **mañana** hasta la **noche** en la calle, recorriendo ciudad por ciudad. El **calor** era tremendo en algunas ciudades del Norte, pero disfruté mucho mi estadía en Brasil. Si pudiera, regresaría."

"Vaya," respondió Enrique. Nunca pensó que oiría un extranjero hablar así de su nación. Lo llenaba de orgullo. Ya hacía **dos años y seis meses** que había emigrado.

"Mi próximo destino fue Perú. Tras un paso **breve** por Lima, estuve en el majestuoso Macchu Picchu por **dos días y dos noches.** Estaba **helado** allá arriba, nunca había sentido tanto frío. Igual valió la pena." Suspiró con nostalgia.

"Y luego, ¡siga la historia pues!" exclamó Enrique, soltando una carcajada.

"Finalmente estuve en Chile y Argentina. Mi viaje de verano se acercaba a su fin. De Chile recuerdo sus días y noches de **nevada,** sus montañas en las afueras de la ciudad y su **rocío por las mañanas.**"

"¿Y de Argentina?"

El taxi se detuvo. Juan Pablo miró hacia atrás.

"Ya estamos acá, amigo. **Quince minutos antes de tiempo.** Son veinte euros—"

"Le doy veinticinco si termina la historia, Juan Pablo, ¿qué le parece?" interrumpió Enrique.

El taxista comenzó a reírse y asintió con la cabeza.

"Terminaré, pero son veinte euros igual. Pues en Argentina paseé las calles de Buenos Aires y conocí lindas argentinas en **tardes de otoño.** Aun así, ahí fue donde empecé a extrañar a mi país."

"¿Extrañar? ¿Después de tanto, disfrutar de semejantes **vacaciones** y aun así extrañabas España?"

"Pues sí, Enrique. Nunca olvides de dónde vienes. Jamás lo olvides ni quieras dejar todo atrás por siempre. Algún día deberás volver."

Mientras los pensamientos y recuerdos sobre Brasil empezaron a invadir a Enrique, una voz habló en el micrófono de la estación.

"Pasajeros con destino a Geneva a las siete y media, por favor abordar el tren. Pasajeros con destino a Geneva a las siete y media, por favor abordar el tren."

Juan Pablo sonrió una última vez mientras recibía el billete de veinte euros.

"Buena suerte y buen viaje, Enrique."

Cuando Enrique abordó el tren y volteó, ya no estaba allí.

Aun así, Juan Pablo le había dado una de las mejores lecciones de su vida.

Jamás olvides de dónde vienes.

Resumen de la historia

Enrique, un chico brasilero que está haciendo un gran tour por Europa, se encuentra en un taxi, camino a una estación de tren de donde piensa salir de España hasta los Alpes Suizos. El taxista — Juan Pablo — no parece tener prisa, y comienza a conversar con el joven, preguntándole sobre los planes que tiene. De pronto, el chofer reconoce el origen del acento de Enrique y le pregunta si éste es de Brasil. Al afirmarlo, le comenta que él estuvo en Brasil hace mucho, y que también hizo un tour por Suramérica hace años. Comenzó por Venezuela, pasando luego por Colombia y Ecuador. Enrique ahora se da cuenta que quiere escuchar la historia completa. El taxista continúa, hablando de su paso por Brasil, lo cual llena de orgullo a Enrique. Cuando termina de hablar de Chile y comienza con Argentina, llegan al terminal. Enrique ya no se quiere bajar hasta oír toda la historia. Al culminar, Juan Pablo le pide a Enrique que recuerde algo siempre: *Nunca olvides de dónde vienes.*

Summary of the story

Enrique, a young Brazilian man who is on a grand tour of Europe, finds himself sitting in a taxi heading towards a train station from which he hopes to leave Spain towards the Swiss Alps. The taxi driver — Juan Pablo — doesn't seem to be in a rush at all, and he begins to talk to the young man, asking about his plans. Suddenly, the driver recognizes Enrique's accent and asks him if he's from Brazil. After his acknowledgement, Juan tells Enrique that he was in Brazil a long time ago, doing a similar tour through South America. He began in Venezuela, passing through Colombia and Ecuador next. Enrique realizes he wants to hear the entire story now. The driver continues, talking of his time in Brazil, which makes Enrique greatly proud. When he finishes talking about Chile and starts with

Argentina, they arrive at their destination. Enrique doesn't want to get off and asks Juan Pablo to finish the tale. When he's done, Juan requests one last thing from Enrique: *Never forget where you come from.*

Vocabulary

Madrugada: Early morning
Siete y media: Seven-thirty
Lluvia: Rain
Una hora y quince minutos: One hour and fifteen minutes
Seis y quince: Quarter past six
Nevando: Snowing
Nieve: Snow
Frío: Cold
Sol: Sun
Ocho meses: Eight months
Una semana: One week
Seis de junio: Sixth of June
Hace mucho tiempo: A long time ago
Seis y veinte: Six-twenty
Quince de marzo: Fifteenth of March
Dos semanas: Two weeks
Cálido: Warm
Sofocante: Suffocating
Fresca: Cool
Seis y media: Six-thirty
Tres semanas y tres días: Three weeks and three days
Tarde entera: Whole day
Tormenta: Storm

Medio día: Half a day
Las nubes: The clouds
Despejando: Clearing
Seis y cuarenta: Six-forty
Un mes entero: A whole month
Mañana: Morning
Noche: Night
Calor: Heat
Dos años y seis meses: Two years and sixth months
Breve: Brief
Dos días y dos noches: Two days and two nights
Helado: Freezing
Nevada: Snowfall
Rocío por las mañanas: Morning dew
Quince minutos antes de tiempo: Fifteen minutes before time
Tardes de otoño: Autumn afternoons
Vacaciones: Vacations
Jamás olvides de dónde vienes: Never forget where you're from.

Questions about the story

1) ¿Por qué había tráfico en la vía?

a) Un accidente

b) Trabajos de asfaltado

c) Lluvia

d) Nieve

2) ¿Cuánto tiempo tenía Enrique viajando?

a) Cinco días

b) Ocho meses

c) Seis meses

d) Dos semanas

3) ¿A cuál país llegó Juan Pablo primero durante su tour?

a) Brasil

b) Colombia

c) Perú

d) Ninguno de los anteriores

4) ¿Cómo se llama la montaña que escaló Juan Pablo en Venezuela?

a) Auyantepui

b) Salto Ángel

c) Ávila

d) Aconcagua

5) ¿Cuánto tiempo tenía Enrique de haber emigrado?

a) Ocho meses

b) Un año

c) Dos años y seis meses

d) Dos años y siete meses

Answers

1) C
2) B
3) D
4) A
5) C

CHAPTER TWELVE

Food and Drinks

La gran boda – The big fat wedding

Habían estado planeando este evento con mucha anticipación. Todos los asistentes sentían mucha expectación, querían que todo fuera perfecto.

Todo comenzó el día que Marcus **pidió la mano** de Olivia, un año y medio atrás. Fue un acto hermoso, aunque sorpresivo para algunos invitados. Él decidió hacer una **cena** íntima en el restaurante donde tuvieron su primera cita. Quiso que sólo estuviera una parte de su familia y de la familia de ella, en lugar de realizar demostraciones de amor ostentosas y que pudieran avergonzarla, siendo ella tan tímida.

Como era un restaurante de **pescado** y **mariscos**, pidieron como **entrada** un plato de degustación, que contenía sabores tan diversos como el del **quiche de atún**, un exquisito **ceviche de pescado** o unas **crepes de espinaca con cangrejo**.

El pescado y los mariscos suelen acompañarse con **vino blanco**, así que pidieron la sugerencia del chef para el mejor vino y obtuvieron unas deliciosas botellas de su mejor reserva. Los niños presentes, acompañaron la comida con **té**, mientras preguntaban insistentemente cuándo llegaría el **postre**.

Las familias de los novios habían mantenido una fuerte amistad a través de los años, algunos miembros eran vecinos e incluso socios de negocios, así que estas reuniones no eran nada fuera de lo habitual.

Después de una conversación muy amena y haberse maravillado con la sazón del chef al probar las entradas, era hora de disfrutar del **plato principal**. Estuvieron de acuerdo en saborear una divina **paella**, una comida bastante completa, pues estaba constituida por **arroz**, **carne de pollo**, **carne de conejo**, **tomate triturado** y **caracoles**, decorado con **camarones rebosados**.

Todos los comensales estaban extasiados ante tal **banquete** que incluso algunos, muy indiscretos, preguntaban **a qué se debía** esta comida casi celestial.

Olivia era reconocida por ser un poco despistada, así que cuando llegó un par de violinistas a la mesa, tocando su pieza favorita, no se dio cuenta de lo que estaba a punto de suceder y de que ella era la protagonista esa noche.

Ella se encontraba como en un trance, observando, con la emoción de una niña, el ir y venir del arco sobre las cuerdas del violín, que estaban siendo tocadas de manera magistral e impecable por los intérpretes.

Justo cuando terminaron de tocar esa pieza, Olivia iba a levantarse de la silla y aplaudir, de pie, a los músicos; pero tropezó con Marcus, quien se había puesto de pie también, pero con otras intenciones.

Todos se miraron las caras, algunos con expresión de curiosidad, otros con complicidad y los demás con desconcierto.

Marcus tomó las manos de Olivia y comenzó a balancearlas, con nerviosismo. Ella sólo sonreía y agradecía el acto de los violinistas. Luego, él la calmó con un tierno beso en los labios y la miró fijamente a los ojos.

"Olivia mía" comenzó, y ella se paralizó. "Nos conocemos desde niños y hemos sido muy buenos amigos desde ese entonces. Después de separarnos durante un tiempo, por cuestiones de estudio o trabajo y, aunque nunca perdimos el contacto, volvimos a encontrarnos hace cuatro años".

Olivia veía hacia todos lados, tratando de esconder que se había ruborizado y que, en su interior, sabía hacia dónde conducía ese prólogo. Soltó la mano de Marcus por un momento y tomó un trago de **agua**.

"Al principio, y durante muchos años, sólo fuimos amigos" continuó él "pero eso cambió a medida que salíamos a divertirnos, nos contábamos las cosas que nos pasaban y nos levantábamos el ánimo después de alguna decepción amorosa; sentándonos a comer **palomitas de maíz** y **soda de dieta** al ver una película o hartándonos de **chocolate** y **helado de banana**" todos rieron, pero Olivia estaba sin palabras y al borde de las lágrimas.

Marcus se arrodilló y, con sus manos temblorosas, sacó una **cajita** del bolsillo de su chaqueta. Al abrirla dijo:

"Olivia, mi princesa, mi Olivia preciosa. Durante todos estos años me has demostrado la mujer emprendedora, luchadora, perseverante, generosa y amorosa que eres; te has ganado mi confianza, mi respeto y mi admiración. Y, como me conoces tan bien, me has soportado todos estos años y has estado ahí para mí, cuando más te he necesitado, no puedo pensar en alguien mejor, en una mujer más perfecta para ser mi esposa y madre de mis hijos" abrió la pequeña caja y brilló el anillo más delicado y hermoso del mundo.

"Así que, te pido, te ruego y te pregunto, con mi frágil corazón completamente expuesto a tus deseos; en el lugar donde tuvimos nuestra primera cita, ese **almuerzo** del cual nunca me olvidé" dijo, añadiendo mucho drama "¿Deseas convertirte en la esposa de este hombre apasionado, que te ama con todo su ser?"

Olivia sólo pudo **asentir con la cabeza**. Inmediatamente, con su rostro lleno de lágrimas y una voz apenas audible, dijo "sí, por supuesto que lo deseo".

Todos los presentes aplaudieron, riendo y felicitando a los futuros esposos, culminando esa noche tan especial con el **pie de limón** más sublime que hayan probado.

Después de escoger una fecha y, con la misma alegría manifiesta la noche del compromiso, transcurrieron los meses siguientes, concertando citas y corriendo de un lado a otro para organizar tan esperado evento.

Alquilaron el salón para fiestas, contrataron un famoso decorador, organizaron las mesas de los invitados, contrataron a los músicos y al DJ, enviaron las invitaciones y muchas cosas más. Sólo faltaba que llegara el gran día.

Llegó el día de la boda. Todo estaba perfectamente organizado y todos estaban en sus lugares, esperando la llegada de los novios. Apenas llegaron, todos aplaudieron, lloraron y rieron nuevamente. De inmediato, brindaron con **champaña** para celebrar, comenzando la fiesta con el primer baile de los novios.

Había una amplia pista de baile, en el medio del salón y, alrededor de éste se hallaban las mesas con los invitados. En un área al fondo, estaban las mesas de los **alimentos** más variados, que incluían una mesa de **quesos** y **pan**, con diferentes **embutidos**, como **jamón**, **salami** y **pepperoni**; junto a ésta, había una mesa de postres, como **pasteles de queso**, **ponqués** y **tartaletas de durazno** y **fresa**. Finalmente, estaba la mesa con el majestuoso **pastel** de bodas, de diez pisos e impecable decoración.

A un lado de la mesa de quesos, se hallaba un pequeño bar, con un barman sirviendo **cocteles** de todo tipo, con o sin alcohol; aunque también servían **whisky**, **vino tinto** y blanco, y otras **bebidas**, para satisfacer todos los gustos.

Después de que los meseros llevaran los **bocadillos** a las mesas, que incluían **pinchos de pollo**, **albóndigas**, **dedos de mozzarella**, entre muchos otros; y después de comer, los invitados comenzaron a levantarse de sus sillas, poco a poco, para bailar.

Luego, se les unieron los novios y, mientras bailaban enamorados y felices, Olivia le susurró a Marcus "gracias mi amor, por hacer esto posible, por ayudarme a cumplir mis sueños y apoyarme cada día, te amo. Aunque te confieso que no necesitaba tanto, una demostración tan ostentosa de nuestro amor" y sonrió.

Marcus, riéndose, respondió "**me lo hubieses dicho antes**, mi vida, y nos hubiésemos ahorrado muchas cosas" y estalló en una sonora carcajada, abrazándola y besándola tiernamente. Y así fue como comenzaron con el pie derecho su nueva vida de casados, con la certeza de que estaban en el lugar indicado y con la persona correcta.

Resumen de la historia

Olivia y Marcus son una pareja de novios, quienes se conocen desde niños porque sus familias están relacionadas desde muchos años atrás. Después de ser amigos por muchos años, comenzó a surgir el amor entre estos dos jóvenes y decidieron darse una oportunidad. Un día, Marcus decide pedirle matrimonio a Olivia, quien es muy tímida, en el restaurante donde tuvieron su primera cita, en una deliciosa cena con la familia de ambos. Ella, muy conmovida, acepta y comienzan a preparar la boda. Finalmente, llega el día de la boda y, después de probar los exquisitos bocadillos, los invitados comienzan a bailar, seguidos por los novios. Mientras bailan, Olivia le confiesa a Marcus que no necesitaba tanta ostentación y él se ríe; comenzando, de esta manera risueña y feliz, su nueva vida de casados.

Summary of the story

Olivia and Marcus are a couple, who have known each other since they were children because their families have been related for many years. After being friends for a long time, the love between these two young people began to emerge and they decided to give themselves an opportunity. One day, Marcus decides to propose to Olivia, who is very shy, in the restaurant where they had their first date, in a delicious dinner with their family. Olivia, very moved, accepts and begins to prepare the wedding. Finally, the day of the wedding arrives and, after tasting the delicious snacks, the guests begin to dance, followed by the bride and groom. While they dance, Olivia confesses to Marcus that she didn't need so much ostentation and he laughs; commencing, in this smiling and happy way, his new married life.

Vocabulary

Cena: Dinner

Pescado: Fish

Mariscos: Seafood

Entrada: Starter

Quiche de atún: Tuna quiche

Ceviche de pescado: Fish ceviche

Crepes de espinaca con cangrejo: Spinach and crab crepes

Vino blanco: White wine

Té: Tea

Postre: Dessert

Plato principal: Main dish

Paella: Paella

Arroz: Rice

Carne de pollo: Chicken meat

Carne de conejo: Rabbit meat

Tomate triturado: Crushed tomato

Caracoles: Snails

Camarones rebosados: Overflowed shrimp

Banquete: Banquet

Agua: Water

Palomitas de maíz: Popcorn

Soda de dieta: Diet soda

Chocolate: Chocolate

Helado de banana: Banana ice cream

Almuerzo: Lunch

Pie de limón: Lemon pie

Champaña: Champagne

Alimentos: Foods

Quesos: Cheese

Pan: Bread

Embutidos: Sausages

Jamón: Ham

Salami: Salami

Pepperoni: Pepperoni

Pasteles de queso: Cheesecakes

Ponqués: Cupcakes

Tartaletas de durazno y fresa: Peach and strawberry tartlets

Pastel: Cake

Cocteles: Cocktails

Whisky: Whiskey

Vino tinto: Red wine

Bebidas: Drinks

Bocadillos: Snacks

Brochetas de pollo: Chicken skewers

Albóndigas: Meatballs

Dedos de mozzarella: Mozzarella fingers

Pidió la mano: Proposed to

marry

A qué se debía: What was that for

Cajita: Little box

Asentir con la cabeza: To nod

Me lo hubieses dicho antes: You could have told me that before

Questions about the story

1) ¿Cuál era la especialidad del restaurante donde Marcus le pidió matrimonio a Olivia?

   a) Pastas
   b) Postres
   c) Pescado y mariscos
   d) Carnes

2) ¿Qué clase de músicos tocaron en la cena de compromiso?

   a) Violinistas
   b) Bateristas
   c) Pianistas
   d) Guitarristas

3) ¿Desde hace cuánto tiempo se conocían Olivia y Marcus?

   a) Desde hacían cinco semanas
   b) Se acababan de conocer
   c) Desde hacían cuatro meses
   d) Desde que eran niños

4) ¿Con qué bebida brindaron los invitados cuando llegaron los novios a la boda?

   a) Agua
   b) Champaña
   c) Martini
   d) Vodka

5) ¿Qué le dijo Olivia a Marcus mientras estaban bailando?

   a) Que estaba muy triste
   b) Que se sentía cansada
   c) Que le apretaban los zapatos
   d) Que no necesitaba tanto

Answers

1) C
2) A
3) D
4) B
5) D

CHAPTER THIRTEEN
Professions and Hobbies

La fiesta de fin de cole — The end of school party

Hubo un conteo regresivo mientras los **estudiantes** miraban el reloj del aula y hasta el **profesor** se encontraba emocionado. Era el **último día de clases** y los estudiantes sabían qué seguía: **la gran fiesta de fin del cole.**

"Cinco," susurró un joven pelirrojo.

"Cuatro," dijo con alegría una joven.

"Tres," sonrió un muchacho de piel oscura que era un **talento** en matemática.

"Dos," murmuró el profesor con una sonrisa.

"¡Uno!" gritó un muchacho gordo.

"¡Fin de las clases!" gritaron todos juntos, y el profesor los dejó salir. Un estudiante de baja estatura pero gran personalidad llamado Luis comenzó a saltar y bailar mientras los demás reían, y en seguida se quitó la camisa escolar para revelar otra debajo.

'Summer School Party 2018', decía en ingles. La multitud salió de los pasillos y atravesó la zona de **deportes,** donde se encontraban equipos de **baloncesto** en sus **prácticas**, además de **porristas** bailando animadamente.

"¡Vamos, ya se acerca la fiesta!" les avisó Luis, y en seguida todos comenzaron a seguirlo. Los **futbolistas** detuvieron su partido para ver lo que ocurría, y pronto se unieron.

El grupo sólo crecía y crecía, y se veía de lejos que la fiesta iba a ser grandiosa.

Cerca de las canchas se desarrollaba una práctica de **orquesta** y **coro**. **Músicos** de todo tipo estaban reunidos: **guitarristas, bateristas, flautistas, violinistas, cantantes** y **técnicos de sonido**, los cuales pausaron un momento para observar el alboroto que se desarrollaba.

"Oye, es la fiesta de fin de año," dijo Natalie, una **chelista** que aún cargaba su instrumento. Pronto, todos los músicos estaban uniéndose a la fiesta.

La multitud liderada por Luis atravesó un campo de beisbol, recibiendo gritos de los **beisbolistas** presentes. Luis sólo los miró y les guiñó el ojo, indicando las palabras en su franela. Caminaron entre las piscinas a continuación, observando a los **nadadores, salvavidas** y **profesores** que se encontraban practicando o mirando las actividades presentes.

"¿Qué hacen ustedes en esta área?" preguntó un joven profesor que tenía reputación de ser un hombre severo. "No pueden estar acá. ¿Quién es el que está detrás de todo esto?" Ya eran más de cincuenta **alumnos** causando un escándalo en la escuela.

Todos miraron a Luis. El profesor se dio cuenta que era él. Pero luego miró la franela. Luis asintió lentamente con la cabeza y el profesor sonrió.

"Está invitado, señor," le dijo, y el profesor le hizo señal de que siguiera caminando.

"Estaré allá. Ahora déjeme continuar con mis estudiantes."

La fiesta andante continuó y pronto llegaron a la entrada principal de la gran escuela. Habían jóvenes jugando **ajedrez,** otros en las canchas practicando **tenis, dibujantes** y **fotógrafos** en los jardines y **escritores** en las mesas que se encontraban en el césped. Los **choferes** de los autobuses escolares esperaban con ansias e impaciencia al lado de sus vehículos, pero Luis se dirigió a ellos y sacudió su cabeza.

"Hoy no iremos en los autobuses, amigos," bromeó, y siguió caminando. De pronto comenzó a sonar una música a todo volumen y todo el grupo volteó a mirar. Eran unos jóvenes **universitarios** en un carro con un poderoso equipo de sonido, el cual comenzó a conducir delante de Luis y su grupo para aumentar la emoción y adrenalina del grupo.

Mientras salían de la escuela, veían como unos niños **volaban cometas** y **soplaban burbujas** en un parque cercano, y estos miraron con curiosidad lo que ocurría, apuntando.

Policías miraron la escena con la misma curiosidad que los niños, pero la multitud no estaba quebrando ninguna ley, así que los dejaron tranquilos.

La casa de Luis, la sede del evento, estaba ubicada cerca a la escuela y les llevó pocos minutos a los jóvenes llegar ahí. Los padres del muchacho, un **mecánico** y una **enfermera** estaban de viaje por el fin de semana. La **empleada doméstica** se había ido también, así que la casa estaba sola. Era el momento perfecto para una fiesta. Los **vecinos** se asomaban, pero Luis no les prestó atención.

"¡Pasen adelante, chicos y chicas! ¡Pronto viene el entretenimiento! Ya es oficial: ¡la fiesta *Summer School Party 2018* ha comenzado!"

Hubo un grito de alegría tras esta declaración. Unos **ciclistas** y **patinadores** que pasaban por el área se acercaron y Luis los dejó entrar. Para él, no había ninguna restricción; mientras querías divertirte, estabas invitado a la fiesta.

De repente llegó un elegante vehículo negro con varias personas adentro y Luis lanzó sus manos al aire.

"¡Aquí, aquí!" gritó. De la camioneta comenzaron a descender **DJs, bailarines y bailarinas, malabaristas** y **animadores.** La cosa se ponía más loca aún. Hasta un **payaso** se introdujo en la casa, y Luis no recordó haberlo invitado.

La fiesta se prendió y Luis sintió la casa temblar. Los vidrios amenazaban con romperse de lo fuerte que estaba sonando la música, pero no era algo que le importara aun. Sus compañeros estaban pasándola bien y era todo lo que importaba. Cerró la puerta de la entrada pero en seguida alguien tocó la puerta. Estaba parado un joven con uniforme, un **mensajero** de alguna empresa.

"Acá le traigo el pedido."

"¿Cuál pedido?" preguntó Luis, pero el chico sacó alrededor de veinte pizzas familiares de su vehículo.

"Se le descontará a los dueños de la casa esta noche como acordamos. Hasta luego."

"¿Qué?" preguntó Luis, pero ya el mensajero se iba. Repentinamente, escuchó un vidrio romperse en la parte de atrás de su casa y corrió a investigar. Casi no podía caminar de tanta gente que había entrado.

Luis vio como unos chicos estaban jugando beisbol dentro de su casa y partiendo varias ventanas y cosas delicadas de su madre.

"¡Hey, ya va!" gritó, pero todos lo ignoraban. Uno de los universitarios **invitados** activó la podadora de césped y comenzó a pasarla por encima de las flores de la madre de Luis. "¡No! ¡Basta!"

De repente algo estalló en el segundo piso de la casa y Luis se quedó petrificado cuando vio las llamas creciendo. ¡Era un incendio!

Estudiantes corrían, sirenas sonaban y Luis miraba con horror mientras entraban **bomberos** y **rescatistas** a la casa. Todo se estaba quemando y su casa — bueno, la casa de sus padres — estaba en llamas, no podía ser, todo era tan terrible—

¿Ah?

Luis abrió los ojos y se levantó de golpe. Miró a su alrededor. Nada se quemaba, ni había música ni gente en su habitación. Era sólo él, su cama y su alarma sonando.

Había sido un sueño: era un día normal de escuela, y faltaba mucho por las vacaciones.

Por primera vez en su vida, Luis se levantó para el colegio con una enorme alegría.

Resumen de la historia

Por fin había llegado el último día de clases y Luis no era el único que estaba emocionado por lo que se venía: las vacaciones. Había preparado una gran fiesta en su casa, el *Summer School Party 2018*, el cual iba a permitir invitados de toda la escuela. El y sus compañeros salen de su salón de clases y comienzan a acumular más y más personas en las canchas, salones de música, piscinas y en la entrada de la escuela para finalmente dirigirse a la casa de Luis. Allí, entran todos poco a poco, llegan los DJs y bailarinas además de un payaso. Seguidamente, llegan pedidos que Luis nunca hizo y comienza un desastre en su casa mientras que los invitados destrozan todo y hasta se prende un incendio en el segundo piso. Cuando Luis teme más por su casa y las consecuencias, todo desaparece. Era un sueño, y por primera vez se siente más feliz que nunca por tener un día normal de colegio.

Summary of the story

Finally, the last day of class has arrived, and Luis isn't the only one in class feeling excited about what's coming after: vacations. He's prepared an enormous party at his house, the *Summer School Party 2018,* an event which would be open to anyone who wished to enter. He and his classmates leave the classroom and begin to accumulate more and more people into their group from the courts and pitches, music salons, swimming pools and the school entrance so that they can finally set off to Luis' house. There, they all go inside one by one, while the DJ's and dancers arrive, as well as an uninvited clown. Shortly after, unrequested deliveries are sent to the home and a disaster begins when the partygoers start breaking things and even manage to start a fire on the second floor. When Luis fears the most for his house and the consequences, it all disappears. It was all just a dream, and for the first time, he feels happier than ever for having to go to a simple day of school.

Vocabulary

Estudiantes: Students
Profesor: Teacher/Professor
Último día de clases: Last day of school
La gran fiesta de fin de cole: The great last day of school party
Talento: Talent
Deportes: Sports
Baloncesto: Basketball
Prácticas: Practices
Porristas: Cheerleaders
Futbolistas: Football/Soccer players
Orquesta: Orchestra
Coro: Chorus
Músicos: Musicians
Guitarristas: Guitarists
Bateristas: Drummers
Flautistas: Flutists
Violinistas: Violinist
Cantantes: Singers
Técnicos de sonido: Sound technicians
Chelista: Cellist
Beisbolistas: Baseball players
Nadadores: Swimmers
Salvavidas: Lifeguards
Alumnos: Students
Ajedrez: Chess

Tenis: Tennis
Dibujantes: Drawer/Cartoonist
Fotógrafos: Photographers
Escritores: Writers
Choferes: Drivers
Universitarios: University students
Volaban cometas: Flying kites
Soplaban burbujas: Blowing bubbles
Policías: Police officers
Mecánico: Mechanic
Enfermera: Nurse
Empleada doméstica: Maid
Vecinos: Neighbors
Ciclistas: Cyclist
Patinadores: Skaters
DJs: DJ's/Disc jockeys
Bailarines y bailarinas: Male and female dancers
Malabaristas: Jugglers
Animadores: Entertainer
Payaso: Clown
Mensajero: Messenger/Envoy
Invitados: Guests
Bomberos: Firemen
Rescatistas: Rescuers

Questions about the story

1) ¿De cuántos números fue el conteo para el gran momento de las vacaciones?

a) Cuatro

b) Diez

c) Tres

d) Cinco

2) ¿Dónde se ubicaba el profesor que regañó a Luis?

a) Las canchas

b) La piscina

c) Un salón de música

d) Un pasillo

3) ¿Cuántos estudiantes habían en la multitud para cuando llegaron a la piscina?

a) Cincuenta

b) Cuarenta

c) Veinte

d) Cien

4) ¿De qué color era el vehículo que traía los animadores?

a) No especifica

b) Blanco

c) Negro

d) Azul

5) ¿Qué despertó a Luis de su sueño?

a) Pájaros

b) Su madre

c) Nada

d) Alarma

Answers

1) D
2) B
3) A
4) C
5) D

CHAPTER FOURTEEN

Place Adverbs and Prepositions

El partido final – The final match

David miró su reloj por última vez y se mordió el labio nerviosamente antes de meterlo **en** su bolso. Él y sus compañeros del equipo estaban a punto de entrar **a** la cancha para jugar el juego tan esperado — la gran final de la copa de futbol de la ciudad.

"Sin más nada que agregar, ¿están listos, muchachos?" preguntó el técnico, el cual estaba parado **al lado de** su asistente. Este segundo aplaudió y dio palabras de aliento, pero fueron ahogadas **bajo** el grito de los jugadores.

"¡CLARO QUE SÍ!" gritaron todos los jugadores al unísono, y David se levantó con sus puños **arriba**.

"¡Vamos a ganar!" Era el capitán; su responsabilidad era mayor, además de ya de por sí serlo porque era el delantero del equipo.

Todos se dirigieron **hacia afuera** de los vestidores, caminando **a través del** pasillo para llegar **hasta** el borde del túnel. Ya se encontraban los jugadores del equipo contrario parados **ahí** esperando. Se escuchaba el ruido **afuera,** con aproximadamente quinientos fanáticos **sobre** las gradas alentando a los dos equipos.

"¿Qué se siente llegar tan **lejos** para perder?" preguntó en voz baja el capitán del otro equipo, un muchacho de ojos azules y cabello rubio llamado Marcos, que se encontraba **al lado de** David. "Hoy verán la derrota."

David giró y miró a su rival.

"Dejaré que tú me contestes eso luego del partido," dijo, y sin dejar que el otro chico le respondiera, caminó **hacia adelante** para entrar a la cancha. Inmediatamente la fanaticada enloqueció: **en todas direcciones** había público con las camisetas y bufandas de ambos equipos **puestos sobre** sus cuerpos, muchos de ellos ondeando banderas **encima** de las tribunas mientras que las porristas saltaban y bailaban de **arriba hacia abajo** frente a las gradas. Era todo un espectáculo.

"Señores," comenzó un narrador que estaba **dentro** de una cabina de vidrio. *"¡Al fin ha llegado la gran final de la copa de fútbol! Estamos presenciando historia señores, es la entrega número cincuenta de este trofeo, ¡y se enfrentan dos grandes equipos para lograr llevársela a casa!"*

David miró **hacia** una plataforma donde ya estaba **colocado** el trofeo, y sintió orgullo. *Será mío,* pensó.

Ambos equipos se **situaron** en sus posiciones, y ambos capitanes se miraron por última vez. Había mucha rivalidad **entre** el lado rojo (de David) y el azul (de Marcos) de la ciudad, y este era el gran duelo entre los dos.

El árbitro pitó y el equipo azul sacó el balón. Inmediatamente, lanzaron un pase largo **sobre** la defensa del equipo de David. Este le gritó al portero que **saliera** de su área chica y logró anticiparse al balón antes de que Marcos pateara ésta **dentro** del arco. Rápidamente le pasó al balón a su defensa y ésta en seguida al mediocampo.

David miró a Carlos, quien tenía el balón **a sus pies.**

"¡Pásala ya!" gritó, y su compañero lanzó un pase filtrado **a través de** la defensa, la cual llegó **directamente a** los pies de David. Este giró y miró **directamente hacia** la portería. *Vamos…*

Haló el pie **hacia atrás** para chutar, pero alguien lo embistió y **lo tumbó al césped** con violencia. David soltó un grito de frustración y dolor y logró mirar una sonrisa **detrás de él**; había sido Marcos.

Pero la sonrisa pronto se borró cuando el árbitro pitó.

"¡Penal!" gritó, y ninguna de las quejas del capitán del equipo contrario sirvió para cambiarlo de parecer. David colocó el balón **en** el punto de penal y se preparó mientras todos aun discutían la falta, y sólo esperó que el árbitro pitara.

Piiiiiiiiii…

David miró al portero antes de patear su penal y logró adivinar **hacia dónde** éste iba a saltar.

"¡Goooooooooooool! ¡Uno a cero!" gritó el narrador.

David fue corriendo hasta estar **delante de** la tribuna de su equipo y se barrió **por** el césped en celebración. Todos los fanáticos de su equipo brincaban **en frente de él**, y sus compañeros de equipo lo **alcanzaron**, lanzándose sobre su persona y festejando **alrededor**.

"¡Ya, muchachos, debemos regresar al juego!" gritó entre carcajadas, y lo ayudaron a **levantarse** nuevamente.

El equipo azul no tardó en contraatacar.

En un ataque sorpresivo, el mediocampista rojo lanzó un mal pase y fue interceptado. David vio con desesperación cómo Marcos corrió y se metió **dentro del** área sin que nadie lo marcara.

"¡Rápido! ¡Marquen a su delantero!" gritó, pero ya era muy tarde. Un centro certero **llegó a** la cabeza del otro capitán y éste anotó un buen gol **desde corta distancia.**

David miró con desesperación a su defensa y les gritó palabras de ánimo. Lo necesitaban: el equipo azul los había hecho parecer unos novatos.

Pasaron minutos valiosos y de repente el partido se volvió más complicado: el balón se paseaba **de un lado a otro** sin penetración, y había una gran lucha entre los mediocampistas en **el centro de** la cancha. Un momento el equipo de David estaba **por debajo**, el otro era Marcos.

Finalmente llegó el medio tiempo. No regresaron a los vestidores, solamente tenían unos minutos para conversar **al lado de** la cancha.

"¿En qué estamos fallando?" preguntó un defensa.

"No lo sé," respondió otro, "pero si seguimos así, perderemos."

Era cierto. David los miró a todos y se preparó. La responsabilidad era enorme en ese momento.

"¿Ustedes quieren ese trofeo o no?" preguntó, y los jugadores asintieron con la cabeza. "¡Pues entonces vamos a luchar por él! La defensa a despertarse, el mediocampo a controlar su área y yo me encargo del resto. ¡Vamos!"

El medio tiempo acabó y todos regresaron al **medio del** campo. El árbitro pitó una vez más y comenzó de nuevo el partido. En seguida se puso todo complicado nuevamente, y pronto se veía **lejos** la victoria para ambos equipos. Así pasaron los minutos.

Hasta que Marcos se adelantó a la defensa y lanzó un disparo fuerte **al** arco del equipo rojo. El balón **pasó rozando** los dedos del arquero y parecía estar **dentro**...pero chocó con el travesaño.

"¡Es ahora o nunca!" gritó David, y rápidamente sus jugadores se organizaron para un contra-ataque. El mediocampo **junto a** la defensa logró pasar el balón hasta David, y pronto era el único que estaba sólo.

Y estaba corriendo **hacia** la portería rival.

La fanaticada comenzó a gritar, viendo el gran momento. Era él **en contra del** portero. ¡Solamente tenía que superarlo y estaba el juego ganado!

David miró el portero a los ojos y vio algo ahí, una señal. *A su derecha,* le dijo el instinto. El capitán dribló hacia la derecha y dejó al portero parado, y disparó hacia el arco...

"¡GOOOOOOOOOOOOOOOL!"

La fanaticada se volvió loca y el estadio casi explotó con la alegría. ¡Habían ganado el trofeo tan importante contra el rival!

David celebró, pero de pronto vio a una cara conocida caminando **hacia afuera** de la cancha con la cabeza abajo. Era Marcos. David corrió **hacia él**, y por un momento recordó lo que habían dicho al principio del partido...pero ya nada de eso importaba.

"Jugaron bien, Marcos," dijo David con una sonrisa.

Marcos lo miró por un momento, y luego sonrió y estiró su mano.

David estiró la suya, y por un momento se desvaneció el odio que se tenían. Y simplemente eran dos muy buenos jugadores que se respetaban como adultos.

Porque el futbol no es nada sin eso: *respeto.*

Resumen de la historia

David, el capitán de uno de los equipos más grandes de la ciudad, se prepara nerviosamente junto a sus compañeros para el más grande partido de fútbol: la gran final de la copa. Mientras sale de los vestidores y se para dentro del túnel, se acerca el capitán del equipo rival, Marcos. Tiene un comentario irrespetuoso para David, pero éste le contesta y se aleja para concentrarse en lo que viene. Salen a la cancha, y hay una cantidad enorme de fanáticos celebrando, y la tensión comienza a aumentar. El partido comienza, y ambos equipos juegan el partido de sus vidas. David está a punto de anotar un gol cuando es derribado por Marcos. El árbitro pita penal y David anota, pero pronto Marcos empata. Viene la segunda mitad, y todo se pone más duro...hasta que el equipo de David logra pasarle un balón complicado y este anota. Su equipo gana el trofeo, pero antes de que Marcos pueda abandonar el campo, David le da un cumplido y se dan la mano en un gesto de respeto.

Summary of the story

David, the captain of one of the city's biggest football teams, nervously prepares himself alongside his team-mates for the biggest football match of the year: the grand cup final. As he exits the dressing rooms and awaits the match within the tunnel, the rival team's captain, Marcos, approaches and says some disrespectful comments to David. He simply replies and walks away to concentrate on the match. Both teams emerge onto the pitch and realize how big the crowd is, all of them making great amounts of noise. Tension starts to rise. The match begins, and both teams play the game of their lives. David is about to score a goal and is tackled hard by Marcos. The referee blows his whistle for a penalty and David scores, but Marcos soon equalizes. The second half starts and everything becomes cagier...until David's team cuts through Marcos' with a complicated pass and the captain scores. His team wins the trophy, but before Marcos walks off the pitch, David approaches and gives him a compliment, as well as shaking his hand in a gesture of respect.

Vocabulary

En: In
A: To
Al lado de: Beside
Bajo: Under
Arriba: Up/Above
Hacia afuera: Outwards
A través del: Through the
Hasta: Until
Ahí: There
Afuera: Outside
Sobre: On top of/Over
Lejos: Far
Hacia adelante: Forwards
En todas direcciones: In all directions
Puestos sobre: Placed on top
Encima: On top of
Arriba hacia abajo: Up and down
Dentro: Inside
Hacia: Towards
Colocado: Placed
Situaron: Placed themselves
Entre: Between
Saliera: Went out
A sus pies: At his feet
A través de: Through

Directamente a: Directly to
Directamente hacia: Directly towards
Hacia atrás: Backwards
Lo tumbó al césped: Knocked him onto the grass
Detrás de él: Behind him
Hacia dónde: Towards where
Delante de: In front of
Por: From
En frente de él: In front of him
Alcanzaron: Reached (pl)
Alrededor: Around
Levantarse: Get up
Llegó a: Reached
Desde corta distancia: From a short distance
De un lado a otro: From one place to another
El centro de: The center of
Por debajo: Under
Al lado de: Beside
Medio del: Middle of
Pasó rozando: Barely missed
Junto a: Beside
Hacia él: Toward him

Questions about the story

1) **¿Quiénes estaban dando palabras de aliento antes del partido?**

   a) El dueño del equipo y su esposa

   b) Los jugadores

   c) David y su compañero

   d) El técnico y su asistente

2) **¿Cuántos fanáticos habían en el estadio para el momento en que los equipos salieron?**

   a) Doscientos

   b) Quinientos

   c) Cincuenta

   d) Dos mil

3) **¿Cómo se llamaba el mediocampista que le pasó el balón a David?**

   a) Marcos

   b) Pedro

   c) Lionel

   d) Carlos

4) **¿Cómo fue el primer gol de David?**

   a) Penal

   b) Chilena

   c) Cabezazo

   d) Tiro-libre

5) **¿En qué tiempos se anotaron los goles?**

   a) Primero y segundo

   b) Ambos en el segundo

   c) Ambos en el primero

   d) Primero, segundo y tiempo extra

Answers

1) D
2) B
3) D
4) A
5) A

CHAPTER FIFTEEN

Punctuation

La lección de lengua — The language lesson

Antonio se puso las manos en la cabeza y miró a Freddy.

"En serio no entiendo nada sobre la gramática y los **signos de puntuación**," dijo mientras trataba por **centésima vez** de entender lo que decía su libro de texto. Faltaba sólo un día para el examen de español y el jovencito no tenía idea de cómo se usaba los signos de puntuación. "¡De verdad que todo se veía más fácil, pero ya no!"

Freddy **le dio una palmada en la espalda** y **se encogió de hombros**.

"No es tan fácil. Creo que hoy la profesora va a explicar eso por última vez. Deberías **estar atento** mientras lo hace, Tony." Pausó por un momento antes de considerar otra opción. "Si no, yo te explico."

La cara de Antonio se iluminó al oír esto y sonrió.

"Excelente, así si puede funcionar."

Sonó la sirena que indicaba que debían entrar a clase y ya la profesora los esperaba sentada en su escritorio. Todos los estudiantes se fueron sentando uno por uno, y sólo fue ahí cuando comenzó a hablar la maestra.

"¿Cómo se sienten ustedes? ¿Cómo **puntos** o como **comas?**"

Era una pregunta extraña, pero algunos respondieron.

"Como puntos," dijo Antonio, intentando quedar bien.

"A ver, Antonio ¿Cómo **punto y aparte** o **punto y seguido?**"

Antonio se quedó en silencio por unos segundos.

"Mejor como **signo de exclamación,**" dijo con una risa nerviosa antes de que la profesora se diera cuenta que no sabía diferenciarlos, "¡porque me gusta llamar la atención!"

El salón entero se rió de él y con él.

"Bien, bien. Los **signos de interrogación** te harían un misterio. Ahora, los **puntos y aparte** indican final de un párrafo. Se usan cuando deseas pasar de una idea a otra. Los **puntos y seguido** se utilizan para el final de una oración, cuando ya vas a pasar a una nueva. La primera **letra** luego de un punto debe ser **mayúscula.**" Antonio tomó nota.

"Profesora," dijo Freddy, mirando a Antonio. "Algunos no sabemos cómo funcionan los **puntos y coma** y **los dos puntos.**"

Antonio lo miró feo, pero era verdad.

"Ah, claro, algunos...Bueno chicos, los **puntos y coma** sirven para varias cosas: pueden unir **cláusulas independientes** que conectan **ideas** relacionadas en lugar de usar un **conector**; se usan para separar los **elementos** en una lista con más de dos cosas; y además sirven en los momentos cuando una coma no permitiría conectar correctamente dos **oraciones.**"

La profesora tomó un aliento antes de continuar.

"Los **dos puntos** sirven en cambio para introducir una lista de elementos: es una excelente herramienta para **englobar** aquellas cosas que deseas presentar como un listado. También funciona para darle una mayor explicación a una primera cláusula con el uso de otra que le sigue. Permite dar **énfasis** a cosas que ya hemos dicho."

Interesante, pensó Antonio. *Pero aún hay cosas que no conozco.*

"Ahora sí, profesora, ¿cómo se hace para incluir **diálogo** con las **comillas?**"

Freddy miró a su amigo con orgullo. Ya estaba aclarando sus dudas.

"Pues las **comillas,** joven Antonio, se colocan antes y después del diálogo; permiten que uno demuestre que una o más personas están hablando o dando sus ideas. También nos dejan **citar** a otros, como por ejemplo en un trabajo que estamos utilizando para nuestra **redacción**, ¡e incluso dar apodos o usar sarcasmo en nuestras oraciones!"

"¿Cómo así?" preguntó Antonio con un poquito de confusión.

"Como si dijera: Antonio *"el que no pregunta"* Rodríguez," bromeó la profesora, y todo el salón se rió. Hasta al jovencito le gustó el chiste.

Freddy levantó la mano.

"¿Si, Freddy?" preguntó la maestra.

"¿Los **puntos suspensivos** qué uso tienen?

"Pues se usan para comenzar una idea por la mitad o interrumpir una para comenzar otra en seguida. Son muy utilizadas en **material citado** o en **literatura informal**; también para **omitir segmentos de texto**."

Otra estudiante — pequeña, tímida y de lentes — miró como la clase ya estaba preguntando lo que deseaba ver y decidió unirse.

"Profesora, nunca he sabido cómo se usan los **guiones y rayas**. ¿Puede explicar?"

La profesora se rió suavemente.

"¡Claro que puedo! Eso no se pregunta." Miró el salón antes de continuar, "Como correctamente dijiste, existe el guión corto y el guión largo, llamado *raya.*" Pausó por un momento, escribiendo ambos nombres en la pizarra. "Los **guiones cortos** sirven para separar y relacionar datos o expresiones. Nos ayudan a relacionar fechas, nombres y palabras, unir un prefijo a un nombre y para separar palabras al final de un reglón. Mientras tanto, las **rayas** o **guiones largos** tienen la función de encerrar aclaraciones, como en el caso de los **paréntesis** y las **comas**; para agregar diálogo sin usar las **comillas**; y además para añadir una forma de formar listas."

El salón escuchaba sus palabras con interés. Todos tomaban apuntes. No había mucho en cuanto a dudas ya, y estaban muy agradecidos con la profesora por permitirles entender esas cosas que no sabían hasta ese momento.

"Por cierto," agregó, "no olviden abrir y cerrar sus **signos de interrogación y exclamación.** Estamos en clase de **castellano,** y no voy a perdonar que olviden eso, jovencitos." Hubo una risa nerviosa. "Bueno, creo que llegó el momento de regresar a la pregunta inicial. ¿Quieren saber por qué les hice esa pregunta sobre cómo se sentían — si como **puntos** o **comas**?"

"Si, profe," dijeron varios estudiantes curiosos. "Díganos."

"El **punto** ya lo expliqué, pero la **coma** es una gran herramienta que es muy infravalorada — quiero decir que no la aprecian suficiente. La **coma** es flexible: nos da un chance de pausar en nuestra oración antes de continuar. Esto sirve para aquellas ideas que son más largas de lo normal. Es enfática: nos permite agregar una oración intermedia, mientras tenga relación con el texto, para dar más sentido a lo que estamos diciendo. Además, nos ayuda a enumerar cuando el **punto y coma** no son necesarios."

"Vaya," dijo Antonio en voz alta, "¡creo que soy una **coma**!"

"Pues espero que el examen no te *"coma"* vivo mañana, entonces," respondió la profesora, y la clase estalló en una carcajada.

Al salir del salón, Freddy se acercó a Antonio.

"Oye, Tony, ¿será que te ayudo a resolver las dudas que tenías antes de entrar a la clase, amigo?"

Antonio sacudió la cabeza y sonrió.

"Ya sé lo que necesito. Gracias amigo."

Y con eso, los jovencitos se fueron cada quien a su casa para terminar de estudiar.

El día siguiente, todos pasaron el examen. La profesora no olvidaría nunca ese día — jamás había tenido tan buen grupo de alumnos.

Resumen de la historia

Antonio es un joven estudiante que al parecer, simplemente no logra entender los signos de puntuación, y sólo queda un día para el examen de castellano en el cual evaluarán ese objetivo. Su amigo Freddy si tiene cierto entendimiento, pero ofrece explicarle después de la última clase previo al examen. Antonio accede y ambos entran al salón. Ahí, la profesora comienza preguntándoles a todos si se sienten como puntos o como comas. En seguida comienza a explicarles todos los signos de puntuación, permitiéndoles entender para qué sirven. Antonio poco a poco se va integrando a la clase, y hacia el final está participando activamente. Cuando culmina la clase, regresan a la pregunta inicial, y Antonio responde que definitivamente se siente como una coma. La profesora bromea con él, y les desea suerte a todos. El día siguiente todos pasan el examen, para orgullo de la maestra.

Summary of the story

Antonio is a young student who, apparently, just can't seem to understand punctuation in Spanish. Even worse, he has a Castilian exam the following day, and the punctuation objective will be evaluated. His friend, Freddy, has a level of understanding, but offers to help him out only after the last class before the exam. Antonio accepts and both of them go into the classroom. There, the teacher begins to ask them all if they feel like commas or full stops. She immediately begins to explain all of the punctuation marks to them, allowing them to understand what they're all for. Antonio slowly begins to participate, and towards the end he's an active part of the learning. When the class ends, the initial question is asked again, and Antonio answers that he now can confirm he feels like a comma. The teacher joke with him and wishes them all good luck. The next day, they all pass their exam, making their teacher a proud woman.

Vocabulary

Signos de puntuación: Punctuation marks

Centésima vez: Hundredth time

Le dio una palmada en la espalda: Gave him a pat on the back

Se encogió de hombros: Shrugged

Estar atento: Be aware

Puntos: Dots

Comas: Commas

Punto y aparte: Full stop

Punto y seguido:

Signo de exclamación: Exclamation point

Letra: Letter

Mayúscula: Capital letter

Puntos y coma: Semi-colon

Dos puntos: Colon

Cláusulas: Clauses

Independientes: Independent (pl)

Ideas: Ideas

Conector: Connector

Elementos: Elements

Oraciones: Sentences

Englobar:

Énfasis: Emphasis

Diálogo: Dialogue

Comillas: Quotation marks

Citar: Quote

Redacción: Writing

Puntos suspensivos: Ellipses

Material citado: Quoted material

Literatura informal: Informal literatura

Omitir: Omit

Segmentos de texto: Text segments

Guiones: Hyphens

Rayas: Dashes

Guiones cortos: Short hyphens

Guiones largos: Long hyphens

Paréntesis: Parentheses

Signos de interrogación: Question marks

Castellano: Castilian

Questions about the story

1) ¿Cuál es el apodo de Antonio?

a) Toño

b) Anto

c) Anthony

d) Tony

2) ¿Cómo qué signo se sentía Antonio inicialmente?

a) Signo de interrogación

b) Punto

c) Coma

d) Signo de exclamación

3) ¿Por qué se sentía como ese signo?

a) Porque es flexible

b) Porque le gusta llamar la atención

c) Porque le gusta ser misterioso

d) Porque es inútil

4) ¿Sobre qué signos preguntó la estudiante pequeña y tímida?

a) Puntos suspensivos

b) Comillas

c) Punto y coma

d) Guiones y rayas

5) ¿Qué hicieron Freddy y Antonio tras salir de clase?

a) Irse a casa para estudiar

b) Quedarse en la escuela para estudiar

c) Pasar el examen

d) Jugar futbol

Answers

1) D
2) D
3) B
4) D
5) A

CHAPTER SIXTEEN

Verbs in Gerund

Día de compras — Shopping Day

Después de muchos meses de estar **trabajando** ardua y responsablemente, decidí utilizar mis ahorros. No me estuve **quemando las pestañas** a diario en una oficina por nada, no me estuve **trasnochando** para que apenas me alcanzara para pagar el alquiler, los servicios y el mercado del mes. ¡No, señor!

Siempre era muy puntual en mi trabajo, bueno, en mi vida. Era tan puntual, que el mismo día que nací, a las seis de la mañana, mi madre no necesitó la cesárea, que ya estaba programada, porque decidí nacer. Ella siempre estaba **contando** esa anécdota con gracia, pero a veces me avergonzaba.

Todos los días me levantaba a la misma hora, **encendiendo** el calentador de agua y **apagando** el reloj despertador. Algunas veces me sorprendía algún pájaro, **tocando** la ventana con su pico, mientras yo estaba **leyendo** el periódico y **tomando** una taza de café para **desperezarme**.

Normalmente, empezaba a cantar mientras me metía a la ducha pero, un día en especial, estaba inspirada. Iba **cantando**, **simulando** que estaba frente a una gran audiencia que me vitoreaba, **repitiendo** mis letras y mirándome con admiración, mientras mis bailarines ejecutaban una bien ensayada coreografía.

"Con ustedes: Charlotte Monaghan" dice una voz conocida,

retumbando por todo el escenario. El público enloquece. Miles y miles de personas **coreando** mis canciones. Se me está **poniendo la piel de gallina.**

Después de suspirar un momento, voy **cayendo** de nuevo a la realidad. Salgo del baño y me estoy **secando** el cuerpo con mi toalla favorita y, al ver mi guardarropa me escandalizo, **exclamando** en voz alta "¡Charlotte, por favor! ¿Trabajas y ahorras tanto, para tener un armario vacío?".

Un par de minutos más tarde, después de estar **soñando** un rato y, mientras me estoy **vistiendo**, me llama mi mejor amiga. Primero me saluda, con su típico "¡Holaaaaa bruja! **¿Cómo amaneces?** ¿Cómo te está tratando la buena vida?", y yo me río y le respondo "¡Buena vida la tuya, bruja! **¿Acaso no tienes oficio?**".

Luego de estar **conversando** sobre nuestros planes para ese fin de semana, Olga me dice, con una voz más seria, como cuando me está **aconsejando**:

"Mira brujita, tú sabes que yo te tengo mucho aprecio; y justamente porque te quiero es que estoy **cuidando** de ti y aconsejándote,"

"¿Qué hice mal, ahora?" respondí, con suspicacia.

"Nada" dice, riéndose. "Es que estoy **pensando** en un plan para ti y no quiero que me digas que no, eso es todo. Acompáñame a comprar unas cosas, anda".

"¡Ay, Olga!" contesté, poniendo los ojos en blanco. "¿Quieres que esté **corriendo**, de tienda en tienda, **probando** si algo me queda bien, **siendo** criticada por esas personas superficiales que están **comprando** en esas tiendas y **pagando** sumas exorbitantes de dinero por un pedazo de tela?".

"Sí, exactamente eso es lo que quiero. No lo estés **viendo** como un sacrificio, por favor. Sólo quiero que tu ropa represente quién eres,

no al revés. Quiero que quienes te vean, vayan **comentando** lo bien que te ves y que debes ser una profesional muy exitosa" dijo ella, **tratando** de convencerme.

"Detente, Olga. Puede que tengas razón y **me venga bien** un cambio. No tienes que gastar más saliva **persuadiendo** a esa parte rebelde de mi personalidad. Voy a dejar que me guíes, estaré **cooperando** para que me ayudes. ¿Qué tan malo puede ser?" dije, resignándome.

"¿De verdad?" respondió, atónita. "El sábado tenemos una cita entonces, comienza **preparando** tus pies para caminar bastante y **entrenando** tu mente para tomar decisiones difíciles y salir de tu zona de comodidad".

¿En qué rayos me metí, con esta loca?, pensé, mientras terminaba de desayunar para ir al trabajo.

Durante todo el día, me estuve **convenciendo** a mí misma de que era lo mejor. De todas maneras, ya no podía **echarme para atrás** y, si llegaba a insinuar que me estaba **arrepintiendo**, Olga me mataría.

Así fue como llegó el fin de semana y, aunque yo estaba **haciendo** mi mejor esfuerzo por no escaparme, era lo que más quería hacer. Sin embargo, sabía con certeza que ni escondiéndome debajo de las piedras podría zafarme de este lío en el que me había metido, casi **a regañadientes**.

Olga y yo habíamos acordado encontrarnos en una plaza, cerca de la zona comercial del centro de la ciudad, alrededor de las ocho de la mañana. Cuando llegué, ella me estaba esperando con una enorme sonrisa **iluminando** su rostro y sus ojos llenos de picardía, **anunciando** el ajetreado día que teníamos por delante.

Comenzamos a ver, tienda tras tienda, cientos y cientos de zapatos, carteras, faldas, vestidos, accesorios, y mucho más. Toda esa mercancía, de todos los tamaños, formas y colores, se amontonaban en los almacenes, **esperando** ser comprados.

Yo, por mi parte, estaba **comenzando** a marearme y a punto de entrar en crisis. Al mismo tiempo, Olga estaba feliz, **disfrutando** cada segundo del día, mientras me decía cuáles diseños estaban de moda esta temporada, qué tipo de prenda se ajustaba mejor a mi cuerpo y cómo ir **combinando** las texturas y diseños. Demasiada información para digerir en muy corto tiempo.

Mi mejor amiga sólo sonreía, con compasión y me decía "respira profundo y continuemos". Yo sólo **asentía con la cabeza**, de nada me valdría resistirme.

Después de probarme demasiadas cosas, almorzar, bromear un rato y relajarme, comencé a entender **de qué se trataba todo**. Salimos de nuevo, luego de las dos de la tarde, a seguir **recorriendo** tiendas. Esta vez, yo era **quien llevaba la batuta** y estaba mucho más clara de lo que quería.

Esta seguridad, recién adquirida, tenía un sabor indescriptible; sabía a autoestima, a confianza, a éxito. Y no era por cómo me veía, era por cómo me sentía y, aunque al principio me costó admitirlo, Olga tenía razón.

Este día de compras, que yo calificaba como superficial e inútil, me hizo darme cuenta de la mujer fuerte e independiente que, en el fondo, sabía que era; me hizo sentirme bien en mi propia piel y, lo más importante, me enseñó a amarme por sobre todas las cosas. Nunca más volvería a ser esa chica ansiosa e insegura, de ahora en adelante sería la mujer poderosa que siempre he sido en mi interior.

Resumen de la historia

Charlotte es una mujer joven, muy trabajadora y responsable, a quien no le gusta salir de compras o gastar dinero en cosas que le parecen superficiales. Un buen día, su mejor amiga, Olga, la convence para ir de compras después de mucha insistencia. Charlotte ya no puede arrepentirse porque se comprometió con su amiga, así que ambas se van a recorrer las tiendas el fin de semana, como habían acordado. Después de probarse muchas cosas, Charlotte comienza a disfrutar la experiencia, mientras va sintiéndose más segura de sí misma. Finalmente, se da cuenta de que este cambio de apariencia sirvió para hacerla sentir como una mujer poderosa, algo que siempre supo en su interior.

Summary of the story

Charlotte is a young woman, hardworking and very responsible, who doesn't like to go shopping or spending money on things she considers as superficial. On one particular day, her best friend, Olga, convinces her of going shopping after insisting a lot. Charlotte is forced to go because she's already made plans with her friend, so both of them are going to go across the shops for the weekend, as they have agreed. After trying many things, Charlotte starts to enjoy the experience, while she begins feeling more and more confident. Finally, she realizes that this change of look has served to make her feel as a powerful woman, something she knew she was inside.

Vocabulary

Trabajando: Working

Quemando: Burning

Trasnochando: Spending the night

Contando: Telling

Encendiendo: Turning on

Apagando: Turning off

Tocando: Touching

Leyendo: Reading

Tomando: Drinking

Cantando: Singing

Simulando: Simulating

Repitiendo: Repeating

Retumbando: Rumbling/Having echo

Coreando: Chanting/Making chorus

Cayendo: Falling

Poniendo: Putting

Secando: Drying

Exclamando: Exclaiming

Soñando: Dreaming

Vistiendo: Dressing

Conversando: Talking

Aconsejando: Advising

Cuidando: Taking care of

Pensando: Thinking

Corriendo: Running

Probando: Trying

Siendo: Being

Comprando: Shopping

Pagando: Paying

Viendo: Seeing

Comentando: Commenting/Discussing

Tratando: Trying

Persuadiendo: Persuading

Cooperando: Cooperating

Preparando: Preparing

Entrenando: Training

Convenciendo: Convincing

Arrepintiendo: Regretting

Haciendo: Making

Iluminando: Enlightening

Anunciando: Announcing

Esperando: Waiting

Comenzando: Starting

Disfrutando: Enjoying

Combinando: Matching/Combining

Recorriendo: Going through/Crossing

Quemando las pestañas: Burnt the midnight oil

Desperezarme: To awake/To stretch my arms

Poniendo la piel de gallina: Getting goose bumps

¿Cómo amaneces?: How did you spend the night?

¿Acaso no tienes oficio?: Don't you have something to do?

No al revés: Not the other way around

Me venga bien: Would do me good

Echarme para atrás: To back down/To fall back

A regañadientes: Reluctantly

Asentía con la cabeza: Was nodding

De qué se trataba todo: What was all about

Quien llevaba la batuta: Who was leading

CHAPTER SEVENTEEN

Future Tense

Soñando con Miami — Miami Dreams

La fría brisa de invierno sopló sobre la pareja sentada en el balcón y trajo consigo unas pequeñas y delicadas formas de hielo: copos de la primera nevada del año. Carlos y Janet se miraron con una sonrisa. Habían estado afuera esperando el momento, como era su costumbre todos los años.

"Al menos no **estaremos** tanto tiempo con este frío," dijo Carlos con emoción. Tenían **planes a futuro,** planes **muy próximos** a ejecutarse. **Se irían** a Miami en menos de dos semanas.

"Sí, aunque por ahora quiero disfrutarlo. Allá **ni siquiera bajará** de veinte grados centígrados. Acá posiblemente **veremos** temperaturas bajo cero," respondió Janet con una cara pensativa. "Ningún extremo es bueno, recuerda."

Carlos asintió. Tenían casi diez años juntos, en los cuales siempre se iban a un sitio cálido al llegar el invierno. Janet tenía una salud delicada y no podía estar en climas fríos porque se enfermaba. Miami **sería** uno de los tantos lugares del mundo que **visitarían** en esa época, y **la mantendría** lejos de lo peor del invierno.

"¿Te acuerdas como era al principio?" preguntó Carlos, estirando su mano para acariciar la de Janet. "¿Cuándo planeábamos que nunca **pasaríamos** un invierno acá en Santiago?" La pareja había nacido y se había criado en la capital de Chile. El frío era parte de su vida, pero en invierno se ponía intolerable. A Janet **le traería problemas** respiratorios si **decidía** quedarse.

"¿Cuánto tiempo **habremos pasado** fuera del país ya en estos últimos diez años, Carlos?" preguntó ella. Era una buena pregunta, ya que ninguno de los dos había pensado en eso.

"**Estimo** que para el final de este viaje, **tendremos** alrededor de dos años en total fuera del país por cada invierno," respondió Carlos.

"Interesante," dijo Janet, "**alcanzaremos** los dos años ya tan rápido." De repente pensó en algo que tenía tiempo queriendo hablar con Carlos. "Mi amor," dijo tentativamente. Miró a Carlos y vio su reacción; él sabía que venía algo significante.

"A ver, amor, ¿dime?"

"No hemos conversado más sobre un tema que me interesa. ¿**Le dejaremos un legado** a unos pequeños Carlos y Janet? **¿Tendremos hijos?**"

Carlos se congeló. Era el tema que le preocupaba. Él tenía 32, Janet 31, y sí, siempre había soñado con tener hijos. Lo que le preocupaba era la salud de Janet y los efectos que esto **podría tener** sobre ella.

"Sí quiero, mi amor, pero tu salud..."

"Yo **estoy dispuesta** a arriesgarme para tenerlos, Carlos. Quiero que **los tengamos** el año que viene." Janet lo miró con sus ojos verdes, casi rogándole de que **le cumpliera** su petición.

Carlos miró al cielo y vio como caían los copitos. Siguió el paso de uno mientras caía lentamente desde las nubes. Atrapó su atención, la delicada estructura de nieve flotando y girando en el aire. *¿Dejarán algún rastro de su existencia sobre la tierra?* Se preguntó. Era una existencia breve la de los copos. Algo así como la vida del ser humano.

"Sí, Janet. Acepto. **Vamos a hacerlo.**"

Janet se levantó corriendo para abrazarlo. Carlos le dio un beso y ambos se quedaron en silencio un rato.

Finalmente, Carlos habló.

"Miami **va a estar** divertido este año, creo. Varios amigos **irán,** y podemos **ponernos en contacto** para salir de fiesta."

"¡Claro que sí!" exclamó Janet, quien aún estaba recuperándose de la emoción de la respuesta de su gran amor. **Al cumplir** su décimo aniversario, probablemente ella **estaría** embarazada. La idea la llenaba de alegría. *Seremos buenos padres, lo sé,* pensó. "Y **trotaremos en la playa**, **veremos** el amanecer juntos; incluso **podremos pasar la noche** en la bahía."

"¡Sí, eso haremos!" Carlos la **miró de reojo**. "También hay muy buenas discotecas que **visitaríamos...**"

"Yo no puedo tomar alcohol, eso lo sabes," Janet dijo entre risas, "pero acepto. Suena tentador, oh si."

Pasaron la tarde juntos hablando de sus planes.

Finalmente llegó el gran día, y un taxi los llevó hasta el aeropuerto. El viaje **constaría** de más de ocho horas, pero la emoción haría que ese tiempo pasara rápido. **Planeaban** llegar a la casa de unos amigos que tenían ya cuatro años viviendo en la llamada *'Capital de Latinoamérica'* y les iba muy bien. **Dormirían** las primeras noches ahí, y luego buscarían hotel. Era un plan que les daba flexibilidad. *De todas maneras,* pensó Carlos, *transcurriremos un mes y unos días aquí, así que hay mucho que hacer mientras tanto.*

Si se les presentaba la oportunidad, **tenían pensado ir** hacer un viaje por carretera por varios estados y **conocer** sitios emblemáticos de la nación, pero dependería de las cosas que **dejaran pendiente** en Miami.

Cuando el avión finalmente aterrizó, Janet soltó un suspiro. Nunca se sentía del todo cómoda cuando viajaba en un avión. **Algún día** eso **cambiaría,** pero **no sería** hoy. Era algo como una fobia, pero tampoco hasta ese punto. Sus amigos, Patrick y Josefina, los estaban esperando en el aeropuerto para recogerlos tras pasar por su equipaje.

"¡Ya llegaron los que **se divertirán** con nosotros!" gritó Patrick, haciendo un baile que hizo reír a Josefina.

"¡Ya basta!" exclamó entre carcajadas, golpeando a su esposo, "¡estás haciendo el ridículo!"

Se montaron en el carro y partieron del aeropuerto. El sol fue lo que más los impresionó: **iban a pasar** mucho calor en la ciudad, por lo visto, pero cualquier cosa era mejor que el frío inclemente de Santiago.

"Hoy mismo **cenaremos** en el mejor restaurante de la ciudad," dijo Josefina con emoción. "Hacen una **parrilla mar y tierra** que los dejará locos."

Y así fue como comenzó el mejor invierno que habían tenido Carlos y Janet en sus vidas. Hicieron todo lo que habían planeado hacer y más; incluso les dio tiempo para viajar hasta California y tomarse un baño de sol en las playas de Los Ángeles — fueron las mejores vacaciones que jamás habían tenido.

¿Y lo mejor? Pues que al terminar, cuando estaban por regresar, Janet detuvo a Carlos y le dio la noticia:

"¿Carlos?"

"¿Sí?"

"Estoy embarazada."

Con lágrimas en los ojos, Carlos la abrazó más fuerte que nunca y se dirigieron al avión para regresar a Santiago.

Finalmente **serían padres.**

Resumen de la historia

Carlos y Janet son una pareja que vive en Santiago, Chile, que todos los inviernos deben irse a un destino más cálido por la delicada salud de Janet. Este año han decidido viajar a Miami, EEUU. Aún así, Janet tiene en mente otra cosa aparte de las vacaciones: tener hijos. La pareja no lo ha intentado por su salud, pero ella siente que es el momento. Carlos, preocupado, acepta, y ambos se dirigen al aeropuerto con emoción para comenzar su viaje. Continúan planeando su viaje durante el vuelo, y llegan al aeropuerto de Miami para encontrarse con sus amigos Patrick y Josefina. Estos le prometen cenar una rica parrilla en su primera noche de llegar, y pronto comienzan las vacaciones. Se convierten en las mejores vacaciones que la pareja jamás ha tenido, y hacia el final, cuando ya les toca volver, Janet le da la gran noticia a Carlos: está embarazada...van a ser padres.

Summary of the story

Carlos and Janet are a couple living in Santiago, Chile, who every year must leave the city during the cold winter to a warmer climate because of Janet's delicate health. This year, they've decided to travel to Miami, USA. Even so, Janet has something else in mind apart from just vacations: having children. The couple hasn't tried before because of her health, but she feels that it's the right moment. Carlos, worried, accepts, and they both drive to the airport excitedly to begin their trip. They continued planning it all during the flight, and when they arrive in Miami they meet up with their friends Patrick and Josefina. The latter promises to take them to dine at the best restaurant in the city, and soon the vacation truly begins. The time they spend in the US becomes the best vacations Carlos and Janet have ever had, and when it's time to return, Janet gives Carlos the important news: she's pregnant...they're going to be parents.

Vocabulary

Estaremos: We will be

Planes a futuro: Future plans

Muy próximos: Upcoming

Se irían: They would leave

Ni siquiera bajaría: Wouldn't even descend further than

Veremos: We will see

Sería: It will be

Visitarían: They would visit

La mantendría: It would keep her from

Pasaríamos: We would spend

Le traería problemas: It would bring her negative consequences

Decidía: Decided

Habremos pasado: We will have spent

Estimo: I estimate

Tendremos: We will have

Le dejaremos: Will we leave?

Tendremos hijos: Will we have children?

Podría tener: It could have

Estoy dispuesta: I'm willing (f)

Los tengamos: For us to have them

Le cumpliera: To fulfill her desire

Dejarán algún rastro: To leave any trace of existence

Vamos a hacerlo: Let's do it

Va a estar: It will be

Irán: Will go

Ponernos en contacto: Make contact with

Al cumplir: By the time we reach

Estaría: Will be

Seremos: We will be

Trotaremos en la playa: Jogging on the beach

Veremos: We will see

Podremos pasar la noche: We will be able to spend the night

Miró de reojo: Gave a sideways look

Visitaríamos: We would visit

Constaría: It would consist of

Planeaban: They planned

Dormirían: They would sleep in

Transcurriremos: We will spend X time

Tenían pensado ir: They'd thought of going

Conocer: Getting to know

Dejarán pendiente: To leave unfulfilled/pending
Algún día: Someday
Cambiaría: It would change
No sería: It wouldn't be
Se divertirán: They would have fun

Iban a pasar: They were going to spend
Cenaremos: We will dine
Parrilla mar y tierra: Surf and Turf Barbecue
Serían padres: They would be parents

Questions about the story

1) ¿De cuánto era la temperatura mínima en Miami?

   a) Menos de un grado centígrado

   b) Treinta grados centígrados

   c) Veinte grados centígrados

   d) Cinco grados centígrados

2) ¿Cuántos años tenían juntos Carlos y Janet?

   a) Cinco

   b) Diez

   c) Uno

   d) Alrededor de dos

3) ¿Cuántos años de diferencia de edad tenían Carlos y Janet?

   a) Dos

   b) Uno

   c) Menos de uno

   d) Diez

4) ¿Cuál era el miedo de Janet?

   a) Tener hijos

   b) Enfermarse

   c) Trotar

   d) Viajar en avión

5) ¿Hacia qué ciudad viajaron para tomar sol en la playa?

   a) Los Ángeles

   b) Miami

   c) Panamá

   d) Cancún

Answers

1) C
2) B
3) B
4) D
5) A

CHAPTER EIGHTEEN

Day-to-Day Tasks

Una madre nunca descansa — A Mother Never Rests

Esperanza **abre los ojos** y **apaga la alarma** antes de que se active. Ya está acostumbrada a levantarse a las 5:30 a.m.; el despertador es sólo una formalidad.

Sus hijos y esposo aún duermen, pero ya Esperanza debe **bañarse, vestirse** y comenzar a **preparar sus almuerzos para la escuela,** además de **cocinar el desayuno.** Miguel, su esposo, debe **pagar las facturas** de electricidad y agua hoy, porque sino además se los van a cortar.

"Vamos, Espe," se dice a sí misma para motivarse a **salir de la cama**, "todo esto es por tus hijos."

Tras salir de la cama y mirarse en el espejo, nota sus ojeras y cabello despeinado. Suspira y decide entrar al baño. Ahí, se **cepilla los dientes, lava la cara** y **se toma una ducha.** El agua está caliente y eso la ayuda a comenzar el día con buena cara.

Bajando las escaleras, **entra en la cocina** y nota que el perro quiere salir.

"¡Ya va, Oreo, ya va!" le grita mientras el perro le ladra, y al fin logra sacarlo. Oreo comienza a correr por el patio y Esperanza se ríe brevemente. Comienza a **revisar la nevera,** sacando todos los ingredientes que va a necesitar, hasta que… "¡No puede ser! ¡Me falta el queso!" Sube las escaleras para ver si su esposo ya despertó, pero aun está roncando. *Tendré que **ir yo misma al mercado**,* piensa. Le queda una hora para cocinar, así que deberá apurarse.

Poniéndose una chaqueta y agarrando las llaves del coche, Esperanza sale de la casa y **enciende el automóvil.** Arranca y comienza a andar hacia el mercado. Queda a diez minutos de distancia, y por suerte abre desde tempranas horas de la mañana. Algunas personas ya están **trotando** en la calle, otras **paseando a sus mascotas.** El señor Francisco Gómez está **haciendo jardinería**, aprovechando que aún no sale el sol. Sus hijos ya se encuentran **haciendo ejercicios** con los equipos de gimnasio.

Una vez en el mercado, Esperanza se dirige hacia el área de charcutería. A sus hijos les gusta el cheddar. Le pide al empleado que le corte medio kilo y se dirige a pagar.

"Señora Esperanza, buen día," le dice Julie, la chica detrás de la caja. Tiene cuatro años **trabajando en el súper,** y ya conoce a Esperanza como una amiga.

"Julie, ¿qué tal? Aquí estoy de madrugada, haciendo los oficios de madre," suspiró, y Julie se ríe.

"Suele suceder. A mí me toca **pintar la casa** en mi hora del almuerzo. Estamos remodelando. Mi esposo ya está **comprando los electrodomésticos nuevos** en la ciudad."

"Que bueno, Julie," le dice Esperanza. "¡Suerte con eso!"

Una vez camino de vuelta a casa, **recoge el periódico, revisa la correspondencia** y entra a la cocina nuevamente. Ya sus hijos están despertando. Tiene treinta minutos para terminar.

El desayuno consiste de sándwiches de queso a la plancha con huevo frito y tocino. A Esperanza le encanta la cocina. **Limpia el mesón** antes de comenzar, y rápidamente comienza a organizar los ingredientes del almuerzo. Su esposo finalmente baja y le da un beso, robándose una tira de queso del mercado.

"¡Hey, ya no más!" le grita Esperanza, y comienza a freír los cuatro sándwiches.

"¡Mamá, no consigo mis medias lavadas!" grita Carlitos, el menor. Esperanza deja lo que está haciendo un momento para buscar entre la ropa lavada. Pasó todo el día de ayer **haciendo la lavandería.**

"¡Aquí están, baja!"

De pronto comienza a oler a tocino por toda la casa y recuerda que tiene que terminar el desayuno. Los niños bajan las escaleras corriendo, **poniéndose el uniforme escolar. Preparan sus bolsos** delante de ella, asegurándose de meter sus libros. Uno de ellos **termina de estudiar para un examen** que tiene a primera hora.

"¿Y el almuerzo?" pregunta Federico, y Esperanza casi se lo come vivo.

"¡Una cosa a la vez, hijo!" y le sirve su sándwich. Mientras que los tres comen tranquilamente, ella debe ir de mordisco en mordisco mientras comienza con el almuerzo. Su esposo termina de **ponerse su corbata** y se dirige al carro.

"¡Los espero en el carro!" grita desde el garaje, y Esperanza se apura en lo que está haciendo. Mientras tanto, **revisa su correo de trabajo** desde su móvil. Tiene unos trabajos asignados — tendrá que **realizar unos reportes** apenas llegue a su sitio de empleo.

Finalmente, logra meter los almuerzos en las loncheras y se despide de cada uno. Carlitos y Federico corren al carro y Esperanza los ve irse.

Su día apenas comienza.

Oreo ladra nuevamente. Quiere entrar a la casa, pero por supuesto ha hecho sus necesidades afuera. Esperanza sale a **recoger los desperdicios,** antes de **barrer el frente de su casa.** Decide **sacar las bolsas de basura** al bote que se encuentra detrás de la casa. Le **echa agua a las plantas, limpia las ventanas** y procede a regresar a su habitación. Le toca **bañarse** de nuevo, tras lo cual se **peina** para comenzar su día de verdad. Trabaja en el ayuntamiento como supervisora, y tiene varios trabajadores bajo su responsabilidad. Antes de salir, también prepara su almuerzo. Es distinto a los de sus hijos; Esperanza **está haciendo una dieta.**

Sale nuevamente a su carro y enciende el motor. Frente al retrovisor logra **maquillarse** y **ponerse los zarcillos,** partiendo luego a su destino. Aún con tantas razones para estar estresada, enciende el reproductor y **comienza a cantar** mientras se dirige al trabajo.

La verdad es que por más que deba **hacer los oficios del hogar, salir de compras** casi todos los días y **medir ropa nueva** todos los años, no hay nada más placentero que ser madre. Esperanza sonríe; es una de las mejores experiencias que puede tener una mujer, y sabe que algún día sus hijos ya estarán grandes y extrañará estos momentos.

"Una madre no descansa," dice en voz alta mientras entra en el estacionamiento del ayuntamiento, "pero eso no nos importa, porque es la mejor sensación del mundo."

Sólo tiene que pararse, respirar profundo y continuar. *Todo esfuerzo era para un futuro mejor.*

Resumen de la historia

Esperanza es madre de dos hijos y además esposa, la cual está acostumbrada a madrugar para realizar sus oficios cada mañana. Comienza tomando una ducha tras cepillarse y luego en seguida debe sacar al perro al jardín. Luego de esto comienza a buscar los ingredientes para preparar el desayuno y el almuerzo que se llevarán sus hijos, pero no tiene queso en la nevera. Debe salir en el carro al supermercado para comprarlo. Ahí, saluda a su amiga Julie y logra comprar lo que quiere. Cuando regresa, continua haciendo sus oficios mientras sus hijos y esposo también se preparan para la escuela y el trabajo. Al fin cuando éstos se han ido de la casa, le toca a Esperanza terminar de arreglarse para ir a su trabajo también. Mientras va en el carro, piensa en todo lo que le toca hacer diariamente, pero concluye que esto vale la pena — ser madre es la mejor sensación que hay y nada cambia eso.

Summary of the story

Esperanza is a mother of two children as well as a wife, and she's used to waking up really early to be able to finish her everyday chores each morning. She starts off by having a shower after brushing her teeth, and then must immediately take the dog out to the garden. After this, she begins to look for the ingredients to prepare both the family breakfast and the school lunches, but there's no cheese in the fridge. She must go to the supermarket to buy it. There, she says hello to her friend, Julie, and buys what she needed. Once she's back, she continues with her chores while her sons and husband also get ready for school and work. Finally, when they've left, Esperanza has the chance to get ready for her own job. While she's driving there, she thinks of all the things she has to do each day, but concludes that it's all worth it — being a mother is the best sensation that exists and nothing can change that.

Vocabulary

Abre los ojos: Opens her eyes
Apaga la alarma: Switches off the alarm
Bañarse: Bathe
Vestirse: Get dressed
Preparar sus almuerzos para la escuela: Prepare their school lunches
Cocinar el desayuno: Cook breakfast
Pagar las facturas: Pay the bills
Salir de la cama: Get out of bed
Cepillar los dientes: Brushes her teeth
Lava la cara: Washes her face
Se toma una ducha: Takes a shower
Entra en la cocina: Goes into the kitchen
Revisar la nevera: Check the fridge
Ir yo mismo al Mercado: Go to the supermarket myself
Enciende el automóvil: Turn the car on
Trotando: Jogging
Paseando a sus mascotas: Walking their pets
Haciendo jardinería: Doing his gardening
Haciendo ejercicios: Working out
Trabajando en el súper: Working at the supermarket
Pintar la casa: Paint the house
Comprando los electrodomésticos nuevos: Buying the new house appliances
Recoge el periódico: Picks up the newspaper
Revisa la correspondencia: Checks the mail
Limpia el mesón: Cleans the countertop
Haciendo la lavandería: Washing the clothes
Poniéndose el uniforme escolar: Putting their school uniforms on

Preparan sus bolsos: Preparing their bags

Termina de estudiar para un examen: Finishes studying for an exam

Ponerse su corbata: Puts his tie on

Revisa su correo de trabajo: Checks her work mail

Realizar unos reportes: Write-up some reports

Recoger los desperdicios: Pick up the waste

Barrer el frente de su casa: Sweep the front of her house

Echa agua a las plantas: Waters the plants

Limpia las ventanas: Cleans the windows

Bañarse: Bathe

Peina: Combs her hair

Está haciendo una dieta: She's on a diet

Maquillarse: Put make-up on

Ponerse los zarcillos: Put her earrings on

Comienza a cantar: Begins to sing

Hacer los oficios del hogar: Doing the chores at home

Salir de compras: Go out for groceries

Medir ropa nueva: Measuring new clothes

Questions about the story

1) ¿A qué hora se despierta Esperanza?

    a) 6:30 a.m.

    b) 7:00 a.m.

    c) 5:00 a.m.

    d) 5:30 a.m.

2) ¿Cómo se llama el perro de la casa?

    a) Fido

    b) Oreo

    c) Milo

    d) Coco

3) ¿Cuál queso les gusta a los niños?

    a) Munster

    b) Cheddar

    c) Edam

    d) Azul

4) ¿Cuántos años tiene Julie trabajando en el súper?

    a) Cuatro

    b) Tres

    c) Diez

    d) Cinco

5) ¿Dónde trabaja Esperanza?

    a) En el súper

    b) En una empresa

    c) En un hospital

    d) En el ayuntamiento

Answers

1) D
2) B
3) B
4) A
5) D

CHAPTER NINETEEN

Going Shopping

El día antes de Navidad — The Day Before Christmas

Gregorio miró la lista y casi sufrió de un infarto. Eran demasiadas cosas y sólo tenía unas horas para comprarlas. Se había ofrecido para hacer las **compras navideñas**, pero no se había imaginado que eran tantos **regalos.**

Tenía que comprar desde **relojes** hasta **perfumes, consolas de videojuegos** y **patinetas,** e incluso le había tocado comprar los **víveres** e **ingredientes** para la **cena navideña** y la de **fin de año.**

"Es demasiado," dijo, mirando una vez más la lista. Se puso a pensar. "Tendré que ir al centro comercial. Es la única forma de comprar todo a tiempo. Primero debería ir al **banco** a sacar dinero," dijo, y se montó en el carro.

Al llegar al centro comercial, quedó boquiabierto de la impresión. Había miles de **compradores**, y la fila del banco estaba kilométrica. *Tendré que pagar con la tarjeta de crédito,* pensó con dolor. Ya tenía una deuda grande con el banco, pero qué se iba a hacer. Su esposa ya estaba en la **peluquería** preparándose para la fiesta familiar; sus hijos probándose unos **trajes de gala** en una **tienda de caballeros.** Gregorio era el que tenía que correr ahora.

"¡¿Por qué tenemos una familia tan grande?!" gritó, pero supo que tenía que comenzar a comprar. Su primera visita fue la **perfumería**, donde sabía que tenía que comprar una fragancia para su esposa, una para él y una para su madre. Gregorio miró los relojes y **cadenas** que había en la **joyería** de al lado, pero primero tenía que comprar los perfumes.

No fue para nada fácil.

Su esposa Carmen y él tenían gustos muy distintos, así que era difícil conseguir la adecuada. Además, los precios de algunas fragancias eran exageradas. *No señor, no voy a gastar todo acá. Tengo que comprar juguetes para el más pequeño de la casa.*

Al fin salió de allí casi una hora después, pasando por la joyería en seguida. Además de los relojes, había **lentes de sol** hermosos con los que se imaginaba ir a la playa con la familia, pero no tuvo tiempo de probárselos.

"¿Oí bien?" dijo una chica joven que estaba comprando un reloj. "¿Hay oferta en la **tienda de electrodomésticos?**"

Gregorio pagó rápido su mercancía y salió corriendo a ver si era cierto. Ya los otros compradores habían escuchado lo de la oferta y el sitio se llenaba. Había **teléfonos celulares** a mitad de precio, **tostadoras, licuadoras, procesadoras de comida** y más. También había **computadoras portátiles,** pero Gregorio quería cosas más pequeñas para poder cargarlas. Ya tenía tres **bolsas de regalos**.

"Me da estos dos celulares, por favor," le dijo a un empleado, y pasó su tarjeta de nuevo. Se imaginaba a sus hijos luciendo sus dos nuevos **teléfonos táctiles** y le dio orgullo.

Tenía ahora que ver las consolas de videojuegos. Por más que podía decir que eran para sus hijos, él pasaba más tiempo jugando que ellos.

"¿Tienen el MasterPlay 3?"

"Por supuesto señor, versión *Deluxe*."

"¡Démelo ya!"

Una vez afuera y en la plaza central del centro comercial, miró a su alrededor. Iba a necesitar comprar los víveres antes de que fuera muy tarde. Necesitaba comprar el **pavo**, la **pieza de jamón, coles de Bruselas, zanahorias** y **papas.** También tenía que comprar varias **botellas de licor,** entre ellas el **vino,** la **champaña, cidra** y **sodas** para los jóvenes. Para el postre necesitaba comprar un **pudín navideño** e ingredientes para la **torta de navidad.**

"Esto es demasiado," pensó, pero entró al supermercado. Las multitudes se acumulaban alrededor de las **verduras,** mientras otros estaban comprando **queso, jamón** y otros tipos de **charcutería** para picar en la noche. *Aceitunas,* pensó Gregorio, *debo comprar aceitunas.* También hacía falta **galletas** y **chocolates.** Si no, los chicos se iban a aburrir. Todos los compradores tenían sonrisas y miradas de alegría, y Gregorio se preguntó cuál era el motivo.

Navidad es sólo una razón para estresarse, se dijo a sí mismo.

Miraba las frutas con interés. Necesitaba **arándanos** para la salsa que hacía su madre, y también necesitaría **uvas** y **duraznos.** A su esposa le encantaban. Su hermana mayor siempre preparaba una torta con **fresas,** así que también agregó eso a su cesta.

Ya terminada su **travesía** por el supermercado, Gregorio salió con sus manos llenas de bolsas. Pesaban una tonelada y no había nadie cerca para ayudarlo. Por décima vez, sintió que había sido un imbécil por ofrecerse para hacer las compras sin ayuda de nadie.

De pronto comenzó a sonar su teléfono. Era casi imposible sacarlo del bolsillo con las manos llenas, pero al fin lo logró.

"¿Aló?" preguntó con impaciencia.

"¡Hola papi!" dijo su hijo menor, y el corazón de Gregorio sintió esa calidez que sentía cuando tenía el amor de su familia.

"Dígame hijito."

"¿Qué estás haciendo? ¡Te extrañamos!"

Gregorio sonrío y se conmovió por el cariño de su hijo. Era un cariño único y especial.

"Estoy aquí debatiendo con Santa Claus. Tú sabes, convenciéndolo de que sí te ganaste ese MasterPlay 3 este año. Él está dudoso."

"Pero, pero," vino la voz de su hijo. "Vamos, ¡convéncelo!"

"Lo haré, hijo. ¡Ya verás!"

Cuando su hijo colgó el teléfono, las bolsas dejaron de pesarle en sus manos y lo que le faltaba a Gregorio por comprar ya no parecía nada. El día dejó de ser gris y se tornó soleado para él: quizás era tedioso ir de compras y tener que llevar todo lo necesario para la **celebración** de la noche para su casa, cargando con tanto peso, pero al menos tenía una familia para celebrar ese día. Muchos la pasarían solos, otros quisieran poder tener hijos o una esposa que lo amaba.

Muchos no tenían ni siquiera una casa.

Volteó con lágrimas en sus ojos y justamente vio un hombre sin hogar acostado en las afueras del centro comercial. Estaba todo sucio y no parecía estar del todo bien de salud. Justo con el pensamiento anterior en su mente, Gregorio caminó y se paró a su lado.

"Señor," le dijo, y el hombre lo miró cautelosamente.

"¿Sí? Por favor, no tengo otro lugar donde ir…"

"No vine a sacarte," dijo Gregorio. Estiró su mano "Tome, feliz navidad."

Gregorio se fue caminando sin ver la reacción del hombre, pero sabe que éste tendría una mejor Navidad de lo que esperaba. Escuchó el grito de alegría detrás de él y sonrió.

"¡Gracias!" gritó el desafortunado hombre, sabiendo que esa noche comería y dormiría bien.

Era la primera vez que le habían regalado doscientos cincuenta euros.

Gregorio se fue, sabiendo que había hecho una buena obra. Se propuso algo, lo cual pensaba cumplir: *le sonreiré a la vida de ahora en adelante. Tengo todo lo que quiero...ahora sólo debo comenzar a devolverle a la vida.*

Resumen de la historia

Gregorio es un padre de familia que se ha ofrecido encargarse de las compras navideñas, un día antes de Navidad. Sabe que debido a la gran carga de cosas, debe ir al centro comercial más grande de la ciudad. Debe comprar perfumes primero, así que se dirige a la perfumería. Su esposa, mientras tanto, se está preparando en la peluquería y sus hijos en una tienda de ropa de caballeros. Gregorio compra las fragancias y luego va por unos relojes, pero escucha a una chica decir que hay ofertas en la tienda de electrodomésticos, por lo que va corriendo a verlos. Ahí compras dos teléfonos y una consola de videojuegos para sus hijos (y para él también). Luego culmina las compras con un largo rato comprando víveres. Al salir, ya de mal humor y preguntándose por qué se había ofrecido, ve a un hombre sin hogar. Este hombre lo hace recordar que no todos tienen una familia para celebrar ni una cena que comer, así que le hace un gran regalo de navidad y se va, contento y agradecido con la vida.

Summary of the story

Gregorio is a family man who has offered to do the last minute Christmas shopping, a few hours before the actual celebration. Due to the fact that he has to buy many things, he goes to the largest mall in town. First off, he enters a perfumery to buy some fragrances for himself and other adults in the family. His wife, meanwhile, is getting ready at a hairdresser, and his sons are at a gentleman clothing store. Gregorio leaves the perfume store behind and goes to look at the watches next door, but he hears a young woman say that there are some discounts in the appliance store nearby, causing him to run to it and take a look for himself. There, he buys two cell phones and a videogame console for his sons (and himself as well). He finishes the day with a long hour of grabbing groceries for the dinner that night and finally ends the day of shopping. As he steps out, angry about offering to buy everything on his own and wondering why he'd done it, he sees a homeless man. The man makes Gregorio remember that not everyone will have a family to celebrate with, nor a dinner to eat, so he makes the stranger a great Christmas gift and leaves, happy and thankful with what he's been given in life.

Vocabulary

Compras navideñas: Christmas shopping

Regalos: Gifts

Relojes: Watches

Perfumes: Perfumes

Consolas de videojuegos: Videogame consoles

Patinetas: Skateboards

Víveres: Groceries

Ingredientes: Ingredients

Cena navideña: Christmas dinner

Fin de año: New Year's Day

Banco: Bank

Compradores: Buyers/Shoppers

Peluquería: Hairdressers

Trajes de gala: Evening dress

Tienda de caballeros: Men's shop

Perfumería: Perfumery

Cadenas: Chains

Joyería: Jewelry store

Juguetes: Toys

Lentes de sol: Sunglasses

Tienda de electrodomésticos: Appliance store

Teléfonos celulares: Cell phones

Tostadoras: Toasters

Licuadoras: Blenders

Procesadoras de comida: Food processors

Computadoras portátiles: Laptops

Bolsas de regalos: Gift bags

Teléfonos táctiles: Touchscreen phones

Pavo: Turkey

Pieza de jamón: Leg of ham

Coles de Bruselas: Brussels sprouts

Zanahorias: Carrots

Papas: Potatoes

Botellas de licor: Bottles of liquor

Vino: Wine

Champaña: Champagne

Cidra: Cider

Sodas: Sodas/Soft Drinks

Pudín navideño: Christmas pudding

Torta de navidad: Christmas cake

Verduras: Vegetables

Queso: Cheese

Jamón: Ham

Charcutería: Delicatessen

Aceitunas: Olives

Galletas: Cookies

Chocolates: Chocolate bars

Arándanos: Cranberries

Uvas: Grapes

Duraznos: Peaches

Fresas: Strawberries

Travesía: Voyage

Celebración: Celebration

Questions about the story

1) ¿Por qué Gregorio no fue al banco?

a) Estaba cerrado

b) Había mucha gente

c) No necesitaba ir

d) Le dio flojera

2) ¿Cuántos pares de lentes de sol compró Gregorio?

a) Uno

b) Dos

c) No especifica

d) Ninguno

3) ¿Qué consola de videojuegos compró Gregorio?

a) MasterPlay 2

b) GameSquare

c) MaxiStation

d) MasterPlay 3 Deluxe

4) ¿Quién lo llamó por teléfono?

a) Su esposa

b) Su madre

c) Su hijo menor

d) Su hijo mayor

5) ¿Cuánto dinero le obsequió Gregorio al hombre sin techo?

a) Doscientos euros

b) Cien dólares

c) Doscientos cincuenta dólares

d) Doscientos cincuenta euros

Answers

1) B
2) D
3) D
4) C
5) D

CHAPTER TWENTY

Basic Vocabulary Part 2

Pedrito, Fido y el ladrón — Pedrito, Fido and the Thief

La mamá de Pedrito lo miró con **sospecha.** Habían pasado apenas tres semanas desde los **acontecimientos** del parque, y le parecía raro que iba saliendo de la casa con Fido.

"¿Y a dónde creen que van, **amiguitos?** ¿Y a las cuatro de la tarde, nada menos?" preguntó. Su hijo ya le había puesto la **correa** y el **chaleco** a Fido, y ambos se veían **nerviosos.** "Andan en algo **raro,** ya lo vi todo."

"Pues, yo..." **comenzó** a decir Pedrito, pero ya era tarde. Su mamá estaba **al tanto** de lo que pasaba.

"¡No saldrán sin mí! Se **portaron mal** la última vez que salieron solos, así que voy a asegurar que se **comporten.**" Fue por su **chaqueta** y su **bufanda,** y luego agarró su **llavero.** "Ahora sí, ¡**vámonos!**"

La madre, el hijo y el perro salieron de la casa. Pedrito **tomaba la delantera.** Tenía su **gorra** puesta hacia atrás como un chico malo, pero el hecho de que su madre estaba **escoltándolo** como un **mocoso** lo hacía sentir **apenado.**

"¿No puedes dejarnos solos? Sólo vamos a caminar por el centro de la ciudad," dijo Pedrito con cara de **vergüenza.** "Te lo prometo que—"

"*No,*" respondió su madre con **certeza.**

Pedrito **arrugó su cara** y continuó la caminata. Pronto llegaron al centro de la ciudad, y la mamá de Pedrito lo miró **inquisitiva.**

"Ah, sí," dijo Pedro. "Vamos a ir al **parque de niños.**"

Pasaron filas de negocios y muchas personas que estaban caminando en la calle — era un viernes, así que la ciudad estaba **concurrida.** Había muchos jóvenes estudiantes **dirigiéndose al cine** y a otros sitios para **divertirse** un rato. Madres paseaban con sus bebés, y parejas miraban las tiendas de regalos, **románticamente abrazándose** y **besándose.**

La mamá de Pedrito **se distrajo** por un momento, sólo un instante en el cual volteó a ver una tienda de chocolates. Pedrito supo que ese era su momento.

"Es hora de correr," le dijo a Fido, pero fue justo en ese instante cuando notó algo **raro.** Un hombre estaba acercándose a su madre de manera muy **extraña.** Su mano estaba **extendida** hacia ella, y ella aun no lo había **notado.**

"¡Mamá!" gritó Pedrito.

"¡Woof!" **ladró** Fido.

Ella volteó, pero era muy tarde. El hombre le arrancó la **cartera** y salió corriendo. La madre de Pedrito gritó, pero luego vio a su hijo.

Una sola mirada lo dijo todo.

Vamos por él.

Corrieron **simultáneamente** mientras el ladrón **desaparecía** entre la multitud, sus **empujones** haciendo que varias personas fueran **tumbadas** al suelo y haciendo que otras voltearan a ver lo que ocurría. La mamá de Pedrito corría detrás de él, gritando.

"¡Policía! ¡Policía! ¡Hay un ladrón!" gritaba con **rabia.**

Pedrito llevó a Fido en otra dirección, ya que **conocía** un **atajo** que podía tomar para **interceptar** el ladrón. **Soltó** la correa de su mascota y Fido corrió **libremente** a su lado.

"**No se escapará**," gruñó Pedrito. Corrieron **a través del** atajo y **aceleraron el paso.** Había chance de **capturar** al hombre antes de que fuera tarde. Pasaron al lado de cafeterías y tiendas algo **ocultas** en un **callejón**, y la gente los miraba con asombro, este niño y su perro que iban **a toda velocidad.**

Por fin pudieron ver el final del callejón y nuevamente la **amplia** calle donde corría el ladrón. Estaban cerca. Corrieron esos **últimos** metros, preparándose para el **impacto.**

Fue **violento** y **repentino.** Pedrito y Fido **chocaron** con el ladrón, **lanzándolo** varios metros y haciéndolo **atravesar** un **puesto de frutas,** cual **película de acción.**

El ladrón, **mareado** y **desorientado**, trató de levantarse, pero se **resbaló** con una manzana y cayó nuevamente. La policía llegó corriendo a la escena junto con la mamá de Pedrito, y el ladrón intentó huir. Antes de que la policía pudiera actuar, la mamá de Pedrito le lanzó un **coco** en la cabeza, dejándolo **inconsciente.** Los **espectadores** no pudieron aguantar la risa, y hasta los **oficiales** de policía mostraron sonrisas.

"¡Mi pequeño héroe!" gritó la madre de Pedrito, y el pequeño se **sonrojó.** "¡Fido precioso!" dijo luego, y el perro movió su cola con **emoción.** Habían detenido al ladrón de la forma más **espectacular.**

Un **sargento** de policía se acercó.

"¿Usted es el que detuvo al ladrón?" preguntó a Pedrito.

"No sólo yo; mi perro también actuó para pararlo."

"Interesante," dijo el oficial. "Pues creo que mereces ser reconocido por eso."

Una semana después

Pedrito y Fido miraban nerviosos mientras el **alcalde** hablaba. Se **aproximaba** el gran momento.

"...y pues sabemos además," continuó el Alcalde Williams, "Que la semana pasada ocurrió un gran momento de **heroísmo** en nuestra ciudad, una muestra real de **civismo** y **valor** que nos hizo reflexionar sobre la necesidad de que el bien actúe sobre el mal para detenerlo a tiempo. Que pasen los **héroes**," dijo.

La mamá de Pedrito lo miró y **le hizo señas.** *Vamos, Pedro.*

Pedrito subió hasta donde estaba el alcalde y **encaró** la gran audiencia junto a Fido. El alcalde era un hombre joven y agradable con una sonrisa alegre.

"Vengan, héroes de la ciudad."

Al pararse frente a todos, Pedrito no pudo evitar sonreír.

"Gracias por tenernos aquí," dijo en voz alta.

"Ahora, cuéntanos, Pedrito. ¿Qué deseas como **recompensa** por tu gran acción? ¿Saben que atraparon un ladrón que estábamos buscando desde hace meses?"

Pedrito no sabía, y esto lo hizo sentir más orgulloso. Empezó a pensar mucho y miraba a Fido. *¿Qué puedo pedir de recompensa?*

Luego supo exactamente qué quería.

"Quiero..." comenzó a decir, y miró a su madre. "Quiero la mejor lasaña de la ciudad, la de mi madre. Y por supuesto, ¡unas ricas galletas de carne para Fido también!"

La audiencia se rió a carcajadas y el alcalde le puso la mano en el hombro.

"Será **concedido**. Además, tienes un cheque para que tu madre.

¡Gracias por tu heroísmo!"

Ese día, luego de regresar a casa, Pedrito y Fido comieron como nunca.

Eran héroes, y nadie cambiaría eso jamás.

Resumen de la historia

Pedrito y Fido ya tienen tres semanas encerrados en casa. Deciden salir un día sin que su madre se dé cuenta, pero esta es muy observadora y los detiene en la puerta. Les dice que no pueden salir sin ella, y se arregla para que salgan los tres juntos. Se dirigen al centro de la ciudad, ya que Pedrito va a llevar a Fido al parque de niños. Antes de llegar al sitio la mamá se distrae, y Pedrito decide salir corriendo, pero un hombre sospechoso se está acercando a ella. Es un ladrón, y le arrebata la cartera a su madre. Comienza una persecución, y Pedrito decide llevar a Fido a través de un callejón, el cual conecta con la calle principal. Cuando él y Fido salen del callejón, embisten al ladrón y este es capturado por la policía después que la madre de Pedro lo deja inconsciente. Una semana después Pedrito y Fido son condecorados por el alcalde. Regresen a casa como héroes a comer lasaña.

Summary of the story

Pedrito and Fido have now been locked up at home for three weeks. They decide to sneak out one day without their mother realizing, but she's too quick and stops them at the door. She tells them that they can't go out without her, and she gets ready for the three of them to leave. They go downtown, where Pedrito says he's going to take Fido to a kid's park. Before they arrive, his mother stops and is distracted by a storefront, and Pedrito decides to make a break for it, but a suspicious man begins to approach his mom. The guy is a thief, and he pulls her purse off her and runs away. A chase begins, and Pedrito decides to take Fido through an alleyway which is linked to the main street. When he and Fido emerge from it, they tackle the thief and he's captured by the police after Pedro's mother knocks him unconscious. A week later, Pedrito and

Fido are rewarded by the mayor. They return home as heroes to eat lasagna.

Vocabulary

Sospecha: Suspicion

Acontecimientos: Ocurrences

Amiguitos: Little friends

Correa: Belt/Lead

Chaleco: Vest

Nerviosos: Nervous (pl)

Raro: Weird

Comenzó: Began

Al tanto: Aware of

Portaron mal: Misbehaved

Comporten: Behave

Chaqueta: Jacket

Bufanda: Scarf

Llavero: Key ring

Vámonos: Let's go

Tomaba la delantera: Walked ahead

Gorra: Baseball cap

Escoltándolo: Escorting him

Mocoso: Brat

Apenado: Embarrassed

Vergüenza: Ashamed

Certeza: Certainty

Arrugó su cara: Cringed

Inquisitiva: Inquisitive (f)

Parque de niños: Kid's park

Concurrida: Crowded

Dirigiéndose al cine: Heading to the cinema

Divertirse: Have fun

Románticamente abrazados: Hugging romantically

Besándose: Kissing

Se distrajo: Got distracted

Extraña: Strange

Extendida: Extended

Notado: Noted

Ladró: Barked

Cartera: Purse

Vamos por él: Let's get him

Simultáneamente: Simultaneously

Desaparecía: Disappeared

Empujones: Shove/Push (pl)

Tumbadas: Knocked down

Rabia: Rage

Conocía: Knew

Atajo: Shortcut

Interceptar: Intercept

Soltó: Let go of

Libremente: Freely

No se escapará: Will not escape

Gruñó: Growled

A través del: Through the

Aceleraron el paso: Hurried up

Capturar: Capture

Ocultas: Hidden (pl) (f)

Callejón: Alley

A toda velocidad: At full speed

Por fin: At last

Amplia: Wide

Últimos: Last (pl)

Impacto: Impact

Violento: Violent

Repentino: Sudden

Chocaron: Crashed

Lanzándolo: Throwing him

Atravesar: Go through

Puesto de frutas: Fruit stand

Película de acción: Action movie

Mareado: Dizzy

Desorientado: Disoriented

Resbaló: Slipped

Coco: Coconut

Inconsciente: Unconscious

Especatadores: Bystanders

Oficiales: Officers

Sonrojó: Blushed

Emoción: Joy

Espectacular: Spectacular

Sargento: Sergeant

Alcalde: Mayor

Aproximaba: Approached

Heroísmo: Heroism

Civismo: Civility

Valor: Bravery

Héroes: Heroes

Le hizo señas: Made signals at him

Encaró: Faced

Recompensa: Reward

Concedido: Conceded

Questions about the story

1) ¿Cuánto tiempo tenían encerrados Pedrito y Fido?

a) Tres días

b) Dos semanas

c) Un mes

d) Tres semanas

2) ¿A qué lugar se dirigían el chico y el perro?

a) El cine

b) El parque de niños

c) El zoológico

d) El centro comercial

3) ¿Qué día era en la historia?

a) Lunes

b) Viernes

c) Sábado

d) Miércoles

4) ¿Qué le lanzó la mamá de Pedrito a la cabeza del ladrón?

a) Un zapato

b) Una piedra

c) Un mango

d) Un coco

5) ¿Cuáles fueron las recompensas del alcalde?

a) Un cheque, lasaña y galletas para perro

b) Dinero en efectivo, pasta y una correa nueva

c) Una cartera, unos juguetes y una pelota

d) Unas medallas

Answers

1) D
2) B
3) B
4) D
5) A

CONCLUSION

Hello again, reader!

We hope you've enjoyed our stories and the way we've presented them. Each chapter, as you will have noticed, was a way to practice a language tool which you will regularly use when speaking Spanish. Whether it's Verbs, Pronouns or Simple Conversations, the Castilian tongue has a great essence of grammar which can be just as challenging to learn as it can be entertaining.

Never forget: learning a language doesn't *have* to be a boring activity if you find the proper way to do it. Hopefully we've provided you with a hands-on, fun way to expand your knowledge in Spanish and you can apply your lessons to future ventures.

Feel free to use this book further ahead when you need to go back to remembering vocabulary and expressions — in fact, we encourage it.

Believe in yourself and never be ashamed to make mistakes. Even the best can fall; it's those who get up that can achieve greatness!

Remember to visit www.LingoMastery.com to further your goal of becoming fluent in Spanish.

89242027R00117

Made in the USA
Columbia, SC
11 February 2018